Liebe und Aggression

Wie gehe ich damit um?

Hütet euch vor den falschen Propheten;
sie kommen zu euch wie harmlose Schafe,
in Wirklichkeit aber sind sie reißende Wölfe.
An ihren Früchten werdet ihr sie erkennen.

Erntet man etwa von Dornen Trauben
und von Disteln Feigen?
Jeder gute Baum bringt gute Früchte hervor,
ein schlechter Baum aber schlechte.
Ein guter Baum kann keine schlechten Früchte hervorbringen
und ein schlechter Baum keine guten.

Jeder Baum, der keine guten Früchte hervorbringt,
wird umgehauen und ins Feuer geworfen.
An ihren Früchten also werdet ihr sie erkennen!

(Mt 7,15-20)

Christa Meves / Joachim Illies

Liebe und Aggression

Wie gehe ich damit um?

VERLAG RESCH

1. Auflage 1996

D-82166 Gräfelfing, Maria-Eich-Str. 77

Umschlag: Kirchhofer Werbeagentur, Basel
Satz: Filmsatz Schröter GmbH, München
Druck/Bindung: Wagner, Nördlingen
Printed in Germany
ISBN 3-930039-53-2

Inhalt

Vorwort

Das vorliegende Buch hat eine lange Vorgeschichte. Die Idee dazu entstand in den 60er Jahren. Ich hatte bei meiner Arbeit als Kinder- und Jugendlichen-Psychotherapeutin damals gerade die zentrale Bedeutung fehlgeleiteter Antriebe in der Kindheit für die Entstehung von schweren Kernneurosen im Erwachsenenalter erkannt. In der Instinktlehre von Konrad Lorenz und Niko Tinbergen hatte ich dann eine Erklärung gefunden und aus der Verbindung mit der Antriebslehre der Neoanalytiker sowie eigener Praxiserfahrung eine Theorie der Neurosenentstehung beim Menschen entwickelt. Damit stieß ich im Max-Planck-Institut Seewiesen auf das Interesse der Tierverhaltensforscher, besonders von Konrad Lorenz selbst; denn er hatte oft geradezu grotesk ähnliche Fehlverhaltensweisen bei Experimenten mit Tieren beobachtet wie ich in der psychotherapeutischen Arbeit mit Kindern.

Auf mehreren Symposien im Seewiesener Institut bekam ich die Gelegenheit, meine Erfahrungen den Wissenschaftlern vorzutragen und mit ihnen darüber zu diskutieren. Aus dieser Anregung ging mein Buch „Verhaltensstörungen bei Kindern" hervor, das ich im Jahre 1971 publizierte. Darauf baute ich dann eine breit gestreute Öffentlichkeitsarbeit auf, weil es sich als unumgänglich erwiesen hatte, junge Eltern davor zu bewahren, im Bereich des Erziehens einer sich damals gerade installierenden falsch programmierten Richtung des Zeitgeistes zu folgen und sich so – unbedacht – schwere, oft irreversible Verhaltensstörungen bei ihren heranwachsenden Kindern einzuhandeln.

Von allen mit Verhaltensforschung beschäftigten Max-Planck-Wissenschaftlern, die ich so kennenlernte, erwies sich der Zoologe Prof. Joachim Illies vom Max-Planck-Institut Plön als am meisten hellhörig für dieses aus einem überpersönlichen Verantwortungsgefühl geborenen Anliegen. Er spannte sich mit ein in diese Aufgabe. Daraus ergaben sich Veranstaltungen, in denen wir im Dialog tierische und menschliche Verhaltensstörungen vortrugen. Der süddeutsche Rundfunk wurde darauf aufmerksam und lud uns zu einer Hörfunkserie mit Themen dieser Art ein. Daraus entstanden zwei ebenfalls dialogisch angelegte Taschenbücher im Herderverlag, die 1970 unter dem Titel „Lieben – was ist das?" und 1975 unter dem Titel „Mit der Aggression leben" erschienen und bis zum Jahr 1986 insgesamt 25 Auflagen erlebten.

Diese intensive gemeinsame Arbeit hatte mit dem plötzlichen Tod von Joachim Illies 1982 ein Ende gefunden und damit auch die Weiterführung seines Schrifttums. Dennoch erhielt ich in den vergangenen Jahren viele Bitten der Leser um Neuauflagen wenigstens der gemeinsamen Publikationen; denn mittlerweile kristallisierte es sich heraus, daß die ideologischen Programme genau jene negativen Folgen zeitigten, vor denen wir eindringlich gewarnt hatten. Unser theoretischer Ansatz fand so eine frappierende Bestätigung. Dem Bemühen des Verlegers Dr. Ingo Resch, der Wahrheit zum Durchbruch zu verhelfen, verdankt die vorliegende Schrift ihre Existenz. Ich habe bei der neuen Gestaltung aber – meiner Situation als „Überlebende" entsprechend – die Dialogform aufgegeben und sie zu einem Monolog umgearbeitet, ohne den dualen Charakter zu verleugnen; denn der Mensch-Tier-Vergleich (mit allem Vorbehalt seiner Begrenztheit) ist schließlich der Grundansatz dieses Austausches zweier Wissenschaften gewesen.

Hilfe bei der Neugestaltung wurde mir durch den Diplombiologen Dr. Christian Illies, einem Sohn meines Mitautors, zuteil, dem ich herzlich für seine einfühlsame Durchsicht und seine Aktualisierungsvorschläge danke.

Ich habe darauf verzichtet, neue Aspekte der biologischen Forschung, wie sie vor allem auf dem Gebiet der Soziobiologie in den letzten Jahren entwickelt worden sind, einzubringen; denn das kann nicht mein Part sein. Es soll vielmehr gerade gezeigt werden, daß unsere Grundaussagen, auf denen die Schrift damals basierte, nicht im mindesten überholt sind, sondern gerade umgekehrt sich heute in einer eklatanten Weise bewahrheitet haben. Ich hoffe deshalb, daß das neue Buch mit dem Sichtbarwerden der Folgen, die wir damals als Theorie beschrieben, noch umfänglicher erhellen kann und so dazu beizutragen vermag, ein konstruktives, heilsames Umsetzen der Erkenntnisse im Alltag zu bewirken.

Uelzen, im April 1996 *Christa Meves*

Lieben –
was ist das?

Liebende, euch, ihr ineinander Genügten,
frag' ich nach uns. Ihr greift euch, habt
ihr Beweise?

Rainer Maria Rilke

Einführung

Von der Liebe sprechen sie alle, die Jungen und die Alten, die Gläubigen und die Ungläubigen, die Glücklichen und die Unglücklichen, die sie kennen und erleben und die von ihr träumen. Aber was ist sie eigentlich, die den Liebenden so sicheren Besitz, den Einsamen und Verbitterten so schmerzlichen Verlust bedeutet? Die Dichter haben ihr Geheimnis besungen, die Kirchen haben davon gekündet, und für jeden von uns schien sie wie ein Gelobtes Land, in dessen Wunder wir einst Hand in Hand mit einem anderen, einem geliebten Du, einziehen würden.

Doch in unserer Zeit sind die Dichter leise geworden, schwer fällt der Mut, uns ihren Träumen anzuvertrauen und den eigenen. Die Wissenschaft, das Erforschbare und mit Sicherheit Vorhersagbare, das technisch Vollkommene steht im Vordergrund, umgibt uns von allen Seiten und wird zum Ziel unseres Wunsches nach Gewißheit, nach verläßlichem, sicherem Stand. Die technische Bewältigung unserer Welt macht auch vor den personalen Bereichen nicht halt. Auch unsere Gedanken und Gefühle, unser Geist und unsere Seele sollen verstanden werden als berechenbare biologische Konstellationen. Aber ihre Manipulation bringt uns zugleich mit dieser Gewißheit im Funktionalen die Unsicherheit im Emotionalen.

Soll man den Aposteln der neuen Sachlichkeit glauben, die in illustrierten Zeitschriften und in Filmen die Patentrezepte verkaufen, nach denen man den Körper oder gar die Seele wie Instrumente beherrschen lernt, um so die uralte, von den Vorfahren ererbte rauhe Stimme des Tieres in den technisch verfeinerten Chor lustvoll befriedigter Triebe zu wandeln? Muß man „modern“ sein, allen romantischen Verlockungen tapfer widerstehen, mit den Tabus der eigenen Seele aufräumen und das Mysterium der Liebe entmythologisieren zu nüchternem Sex – wie es viele Werke der neuen Kunst, vor allem in Literatur und Theater – uns so unübersehbar zumuten? Oder darf man auch im Jahrhundert der Wissenschaft und Technik weiterhin der inneren Stimme vertrauen, die uns zwar leise, aber unbeirrbar versichert, daß Liebe mehr sei?

Eine Klärung tut not; denn das Leben, das jeder einzelne in dieser Welt zu führen hat, wird zugleich seine Antwort sein müssen auf diese fordernden und drängenden Fragen. Von der Antwort aber hängt unser aller Schicksal ab in einer Zeit, in der der einzelne so wenig, die Masse der einzelnen aber fast alles entscheidet. Es ist die gleiche alte und immer neue Frage nach dem Menschen, die der Dichter in unserem Motto über diesen Zeilen an die Liebenden stellt.

Die Wissenschaft und die Welt der Gefühle sind keine unversöhnlichen Gegner, aus deren Kampf schließlich nur einer als Sieger hervorgehen wird. Das kann schon deshalb nicht sein, weil beide Bereiche viel zu sehr ineinander verwoben sind. So wie in jeder wissenschaftlichen Aussage bei aller Objektivität Subjektives und Persönliches enthalten ist, so besitzt andererseits unser Erleben bei aller Subjektivität einen objektiven, für alle verbindlichen Hintergrund, und das gilt auch für die Kunst, wenn sie echt ist und wirkt. Das Außen wie das Innen sind zwei Hälften unserer eigenen Wirklichkeit, und so haben die Wissenschaften von der Natur draußen und von unserer Natur innen auch das gleiche Ziel für uns, nämlich: „mitzugestalten an der sinnvollen Einheit der zwei so verschiedenen Welten des Verstehens und sinnenträchtigen Welterlebens“, wie es der Biologe Adolf Portmann einmal ausdrückte.

Eine solche sinnvolle Einheit wird nicht gefunden mit technischen Kniffen, mit Patentrezepten für ein glückliches Leben und Lieben; wir werden sie nur erlangen, wenn wir geduldig auf das zu achten lernen, was die Wissenschaft bei ihrer Erforschung des Lebendigen als dessen inneres Gesetz gefunden hat: Entwicklung von einfachen zu höheren Gestalten, Entfaltung der angelegten Kräfte aus den Vorformen heraus bis hin zum Ziel der Reife. Wie sehr dieses Gesetz des Lebens auch für das Lieben gilt, darüber haben gerade die Biologie und die Psychologie vieles einander Ergänzendes zu berichten. Darum ist es gut, wenn diese beiden Wissenschaften in ein Gespräch miteinander kommen.

Jede Wissenschaft allein ist mehr, als daß ein einzelner sie mit vollem Anspruch auf Allgemeingültigkeit vertreten könnte, ein Austausch zwischen zwei Wissenschaften kann mehr sein, wenn er auch ein kleiner Ausschnitt bleibt aus einem größeren Ganzen. Jeder Mensch aber ist andererseits mehr als die Wissenschaft; denn er birgt in seiner Person eben jene Einheit von Wissen und Erleben, die aus den Hälften erst das Ganze der Wirklichkeit macht. In diesem Sinn sollen die folgenden Ausführungen verstanden sein als Gespräch vor dem Hintergrund zweier Wissenschaften.

Wenn nun aber zwischen Biologie und Psychologie ein Austausch über das Lieben stattfinden soll, so muß am Anfang die Frage stehen, welchen Sinn ein solches Gespräch haben kann. Die Liebe ist für uns als Menschen eine so entscheidend wichtige Möglichkeit, eine so sehr unserer Sonderstellung in dieser Welt gemäße Daseinsform, daß wir von der Zoologie dafür eigentlich keine rechte Erhellung erhoffen dürfen. Zoologie ist Tierkunde; niemand wird bestreiten, daß es ihren Forschungsgegenstand, die Tiere, gibt; aber jeder wird sich zunächst einmal dagegen verwahren, daß auch der Mensch einfach nur ein solches Objekt der Tierkunde wäre.

Psychologie dagegen ist die Lehre von der Seele, also von etwas, das jeder Mensch zweifellos besitzt, dessen Vorhandensein aber beim Tier nicht nachweisbar erscheint. Sollen sich nun also zwei Wissenschaften hier um den Menschen streiten, von denen die eine in ihrer Zuständigkeit, die andere in ihrer Allgemeingültigkeit anzweifelbar ist? Sollen sie es gar um ein Phänomen wie die Liebe, das in sich so schillernd und vieldeutig ist, daß jede der beiden Wissenschaften kaum in ihrem eigenen Felde zu einem klaren Ansatz gelangt?

Sie sollen es gewiß nicht. Es geht überhaupt nicht um einen „Streit der Fakultäten“ – es geht um die wechselseitige Erhellung, zu der einzelne Wissenschaften als einzelne Ansätze der Betrachtung und Beschreibung unserer Wirklichkeit aufgerufen sind. Diese Wirklichkeit, um die es hier geht, ist *der Mensch*. Es wird sich zeigen, daß eine Betrachtung des Liebens in seinen Grundformen und in seiner Entwicklung uns ganz zwangsläufig zum Menschen hinführen wird oder – so können wir es auch ausdrücken – daß das Rätsel der Liebe mit dem Rätsel des Menschseins so tief verknüpft ist, daß eines ohne das andere unlösbar bleibt, so daß aber auch – das ist Hoffnung – das eine mit dem anderen sich löst.

Wir sind trotz aller Riesenweite des Kosmos das Wesen in der Mitte des Universums, das gilt bei aller Entmythologisierung und Profanisierung der Welt für jeden von uns, und gälte es auch bloß „subjektiv“, d. h. innerhalb der eigenen vier Wände seiner Umwelt. Mit den Füßen fest auf der Erde, mit der Stirn nahe den Wolken, so haben zu allen Zeiten die großen Dichter den Menschen gesehen, diesen „kleinen Gott der Welt“, wie Mephisto ihn nennt, der Teufel, der es wissen muß. Was von der Erde aus, von den Füßen, von unten her zu sehen ist am Menschenbild, was Natur an ihm ist, das ist das Forschungsgebiet der Zoologie. Was dagegen oben an ihm ist, was sich hinter seiner Stirn und in seinem Herzen regt, was seinen Geist und seine Seele bewegt, das ist Forschungsgebiet der Psychologie.

Beide Wissenschaften sollen also nur Blickrichtung sein, aus denen wir den Menschen betrachten, diese geheimnisvolle

Mischung aus Geist und Materie, aus Kraft und Trägheit, aus Hell und Dunkel, die anders als alles andere in dieser Welt – sich selbst ein Rätsel ist.

Aber genügen diese beiden Wissenschaften, genügen Zoologie und Psychologie für ein abgerundetes Menschenbild, für eine volle Erkenntnis dessen, was diese Liebe ist? Muß nicht die Philosophie dazutreten und vor allem die Theologie? Kann eine Aussage über den Menschen und sein Lieben jemals befriedigen, wenn sie nicht bis hinauf in die Dimensionen der Religion reicht? Gewiß, wir werden den Mut aufbringen müssen, unseren Glauben über den Aspekt der Biologie und Psychologie hinaus in den Dialog hineinzunehmen.

Die Wissenschaft, und mit ihr jeder Wissenschaftler, beschreibt die Welt, den Menschen, die Fakten. Sie sammelt ein objektives, nachprüfbares, allgemeingültiges Wissen über diese Dinge, bewahrt solches Wissen und gibt es weiter. Insofern werden wir unser Fachwissen voreinander auszubreiten, es zu vergleichen und zu ergänzen haben, damit unser Gegenstand – das Lieben – seine einwandfreie Beschreibung erfährt. Wenn wir das aber getan haben, handwerklich einwandfrei, dann ist es nicht genug. Würden wir behaupten, es sei genug, so täten wir ein Unrecht. Es würde dann nämlich von unserem Menschenbild gelten müssen, was Carl Friedrich von Weizsäcker einmal im Hinblick auf die unbelebte Natur sagte: „Das physikalische Weltbild hat nicht unrecht mit dem, was es behauptet, sondern mit dem, was es verschweigt."

Das aber, was nicht verschwiegen werden darf, was nach der Beschreibung folgt und zum abgerundeten Bild einer Sache gehört und ihr erst einen Sinn für uns gibt, ist die Deutung der Welt und ihrer Fakten. Deutung liegt stets jenseits der objektiven Methode der Wissenschaft. Deutung ist subjektiv. Sie ist die Farbe, wo die Beschreibung Wellenlängen gibt; sie ist der Ton, wo die Beschreibung Schwingungen zählt. Farbe und Ton, Sinn und Bedeutung dessen, was Zoologie und Psychologie vom Menschen und seinem Lieben nur beschreiben können, muß aus den tiefen Schichten der Person kommen, in denen wir jeder selbst Philosoph und Theologe sind, d.h. Suchen nach echter, verbindlicher Wahrheit hinter der bloßen, unverbindlichen Wirklichkeit. Bei dieser Suche wird uns die Wissenschaft stets gute Hilfe bieten, aber die Entscheidung wird sie uns nie abnehmen können. Denn unsere Frage nach dem Lieben zielt nicht nach irgendeinem ojektiven „Ding an sich" hinter dem Horizont unserer eigenen Wirklichkeit, sondern es sucht nach einer sehr konkreten, subjektiven, für unser Hier und Heute gültigen Antwort darauf, was das Lieben für uns selbst bedeutet. Danach zu fragen ist unser Laienrecht, wie K. Bednarik sagt:

> „Jeder Wissenschaftler ist, wenn er sein Fachgebiet verläßt, als Mensch ein Laie und nimmt dann im Sinne der menschlichen Mündigkeit sein Laienrecht für allgemeine Stellungnahmen in Anspruch. Das kann ein großer Vorteil sein; denn wo die ja auch auf den Spezialgebieten oft nur scheinbare Objektivität des Forschens nicht vorgeschützt werden kann, müssen die allen Urteilen zugrunde liegenden Wertvorstellungen besonders deutlich in den Vordergrund treten, die Karten müssen offen auf den Tisch gelegt werden."

Das müssen wir von uns selbst verlangen, wie wir es auch jedem unserer Leser für sich selbst zumuten müssen, wenn wir unsere eigene Existenz und das Lieben als einen ihrer wesentlichsten Ausdrücke verstehen wollen.

Es wird bei solcher Überlegung überhaupt fragwürdig, ob dem Ich irgendein Wissen um andere eigentlich nützen kann, wenn es den Grund seiner selbst ausleuchten will. Was in anderen Menschen vor sich geht, ist dem eigenen Fühlen und Trachten verwandt, ist ähnlich oder sogar gleich; so lautet die Grunderfahrung des denkenden Menschen, die Kultur, Sprache, Mitteilung und Gemeinschaft erst möglich macht. Aber kann auch das Wissen von außermenschlichen Bereichen, das Wissen um tierische Verhaltensweisen für unser Selbstverständnis von Nutzen sein? Die Antwort muß heißen: nur wo Unterschiede sind, kann die Wissenschaft überhaupt ansetzen!

Hermann Hesse sagt: „Wissenschaft ist die Freude am Finden von Unterschieden." Das Vergleichen und Messen solcher Unterschiede, das ist wissenschaftliche Methodik. Unwissenschaftlich wäre es dagegen, würde man versuchen, Unvergleichbares zu vergleichen. Man kann das menschliche Gehirn ebenso mit wissenschaftlicher Methodik beschreiben, wie man einen Blumenkohl wissenschaftlich beschreiben kann. Aber man kann beide nicht wissenschaftlich vergleichen, auch wenn sie sich ein wenig ähnlich sehen! Wo Wissenschaft von der bloßen Beschreibung zum Vergleichen übergeht, wo sie Unterschiede sucht und Abstände mißt, dort muß also immer zunächst die Grundsituation geklärt sein: liegt überhaupt Vergleichbares vor?

So steht auch am Beginn eines Gespräches zwischen Zoologie und Psychologie über die Formen des Liebens die Grundfrage: Liegt Vergleichbares vor? Erstaunlicherweise hat auf diese Frage die religiöse Frömmigkeit vergangener Zeiten die gleiche, klare Antwort gegeben wie die moderne wissenschaftliche Weltsicht unserer Tage: ja, wir sind vergleichbar, wir sind vom gleichen Stamm. Für den Schöpfungsglauben der Religion ist es die gemeinsame Abstammung von „oben", die Mensch und Tiere vergleichbar macht, ihre gemeinsame *Deszendenz* aus den Händen des Schöpfers, ihre gemeinsame Eigenschaft als Werke eines Meisters.

Für die moderne Biologie ist in der gemeinsamen *Aszendenz* von „unten" her, das Verwandtschaftsband gegeben, das Menschen und Tiere vergleichbar macht als die Resultate eines Prozesses der Weltentwicklung. Wir wollen in diesem Buch nicht darüber streiten, welches dieser beiden Bilder das richtige ist; denn sie schließen sich nicht aus.

Lieben als Opfer

Was ist das eigentlich – das Lieben? Ich bin sicher, daß jeder unserer Leser sich hierin als kompetent empfindet. Das Verb „lieben“ ist in unserem Sprachschatz außerordentlich gebräuchlich – das wissen wir sogar ganz genau, es läßt sich durch Zahlen belegen: In Meiers Deutscher Sprachstatistik wurde aus Büchern und Briefen, Reden und Filmdialogen, aus der Bibel und aus Goethes Werken, aus Leitartikeln der Tageszeitungen und sogar aus Abschiedsgrüßen von Selbstmördern die gigantische Menge von fast 11 Millionen Wörtern ausgezählt. Das Wort „Liebe“ kommt zwar in dieser Zahl nur 6665mal vor und nimmt damit in der Rangfolge der Häufigkeit die 154. Stelle ein. Rechnet man aber alle Formen des Verbs dazu und zählt lieben, geliebt, mit Lieber, Geliebter zusammen, so zeigt sich, daß wir damit eine der 12 häufigsten Wortfamilien unserer Sprache vor uns haben. Sie macht mehr als ein Promille unseres Sprachschatzes aus, das heißt: unter tausend Wörtern, die wir sprechen oder schreiben, lautet mindestens eins: lieben!

Und was läßt sich nicht alles lieben, nicht nur Menschen, Partner, Kinder, Tiere, Götter – man kann Städte lieben, Landschaften, die Heimat, Kunstwerke, ja selbst einen Sessel, ein Kleid, sein Geld oder sein Auto. Wir sprechen also immer dann vom Lieben, wenn wir uns an ein Objekt in zärtlicher, freudiger Zuneigung gebunden fühlen, und die Tiefe dieser Bindung ist meßbar an dem Schmerz, den uns der Verlust dieses Objektes bereiten würde. Lieben heißt: sich intensiv auf etwas in einer positiven Weise bezogen fühlen. Lieben ist also immer ein Fühlen. Und deshalb erscheint es dem Menschen oft als eine geradezu dämonische Macht, der er ausgeliefert ist, die sich der willentlichen Steuerung entzieht, an die er in höchstem ekstatischem Glück oder in Leid und Zerstörung gefesselt sein kann. Das haben die Dichter zu allen Zeiten gewußt und gesungen ... „Odi et amo ...“, sagt Catull: *„O, ich hasse und liebe! Weshalb ich es tue, du fragst's wohl. Weiß nicht! Doch daß es geschieht, fühl ich – unendlich gequält.“*

Dieses Fühlen, das der Mensch keineswegs an- und abzustellen vermag wie eine Maschine, kann sein freiheitliches, vernunftgesteuertes Handeln mehr oder weniger einschränken. Es liegt etwas Beunruhigendes darin wie in jedem Ausgeliefert- und Abhängigsein.

In einer glücklichen Gefühlsbeziehung kann dieses Hingegebensein als das Ziel, als Überwindung von Trennung und Einsamkeit, als Friede, Geborgenheit und Paradies erlebt werden. Aber auch das gehört zu den Schwierigkeiten der menschlichen Natur: wir sehnen uns nicht nur nach Geborgenheit, Gemeinschaft und Einheit, wir sehnen uns auch nach Freiheit – auch und gerade nach Freiheit von dem Gefesseltsein an die eigene Natur, an das eigene, oft übermächtige, uns unverständliche, drängende und so unberechenbare Fühlen. Daraus kann sogar das Bedürfnis entstehen, Gefühle des Liebens zu verdrängen. Doch nicht zum Heil des Menschen: nicht nur, daß das Verdrängte sich als Krankheit wieder Bahn brechen kann; selbst wenn die Unterdrückung total gelingt, kann sie ein zu hoher Preis sein. Dann nämlich, wenn in solcher Verdrängnis das Fühlen verkümmert und damit nicht nur ein unberechenbarer Faktor X, sondern eben auch eine Qualität verlorengeht, aus der große und schöpferische Leistungen hervorgehen können.

Gegen die Gefahren solcher Unterdrückung empfehlen die Tiefenpsychologen daher ein anderes Rezept, nämlich: sich selbst besser kennenzulernen. Nicht etwa, um der Spontaneität des Fühlens damit abermals an die Gurgel zu gehen, sondern um Kriterien und Merkmale des Unterscheidens zu gewinnen und daraus neue Maßstäbe, neue Möglichkeiten des Wertens zu erarbeiten. Und es ist sicher kein Zufall, daß gerade ein Zoologe, der Affenforscher Harlow, und ein Psychoanalytiker, Erich Fromm, aus der Erfahrung ihrer Fachbereiche Abhandlungen darüber geschrieben haben, wie Affen bzw. Menschen das Lieben „lernen" können. Ein Gefühl zu erlernen – das erscheint uns fast so abenteuerlich wie ein Raketenstart in neuen Räumen des Universums. Und wirklich können wir uns hier wie dort an ein solches Abenteuer erst wagen, wenn wir mit peinlicher Sorgfalt die Bedingungen, die Kräfte, die Energien erforscht haben, die dafür Voraussetzung sind. Auch das Lieben, so einheitlich es uns als Gefühlswert erscheinen mag, sprudelt nämlich aus vielen Quellen, die wir alle kennen müssen, wenn uns dieses Gefühl gnadenreich dienen soll in unserem Leben, statt uns zu fesseln und zu unterjochen.

Vieles über das Lieben können wir deshalb schon von den Tiermüttern lernen. Freilich, wenn ein Zoologe über das Thema „Mutterliebe" berichten will, so sieht er sich vor einer Flut von Bildern, die auf ihn einstürmen und ihn bewegen, und er wird sich solchem Andrang zunächst einmal dadurch entziehen, daß er kategorisch fordert: halten wir uns frei von Gefühlen und sprechen von Mutterinstinkt, von Brutfürsorge und Brutpflege! Wir wissen nicht, was eine Tiermutter fühlt, es ist daher das wissenschaftlich Legitime, nur das Verhalten zu beschreiben und alle Rückschlüsse auf Gefühle auszuklammern.

Man weiß kaum, wo man beginnen soll: Schon der Körperbau einer Tiermutter, also eines jeden weiblichen Tieres, ist in vielen Einzelheiten auf das Junge hin geordnet wie in liebender Fürsorge. Natürlich werden wir es nicht „Mutterliebe" nennen, wenn der Organismus, in dem ein Ei heranreift, Nahrungsstoffe und Schutzhüllen bereitstellt und ihm auf seinem Weg mitgibt, wenn diese Eier dann genau an den Stellen abgelegt werden, wo das künftige Junge die besten Lebensbedingungen findet, ja, wenn diese Eier bei den Vögeln im Nest mit dem eigenen Leib und Leben gewärmt werden. Wir werden das nennen: zweckmäßige Organisation, Fortpflanzungsphysiologie oder eben: Brutfürsorge und Brutpflege.

Auch bei der Menschenmutter läßt sich nicht alles das, was ihr Körper vor der Geburt und auch bei und nach der Geburt für das Kind tut, als Mutterliebe bezeichnen. Aber neben dem rein körperlichen Geschehen des Ernährens und Tragens eines ungeborenen Kindes (das ja sogar gegen den Willen der Mutter vor sich gehen kann) gibt es doch bereits dieses Fühlen, dieses Hinwenden, das wir Liebe nennen. Es ist sogar von großer Bedeutung für das Kind; die Liebe kann sehr wohl schon vor der Geburt anfangen, kann mit dem Kind heranreifen, ja, kann bereits lange vorher in dem Wunsch nach einem Kind aufgebrochen sein. Hier treffen wir allerdings auf Schwierigkeiten für jeden Vergleich. Wünscht sich ein Tier seine Jungen? Fühlt es „Liebe"? Die Zoologie darf einfach so nicht fragen. Wollten wir – ganz vorsichtig – ein Gefühl, eine Bewußtseinsregung bei den Tieren anerkennen, so wäre es vor allem die: am Leben zu bleiben, sich sein Leben zu erretten vor Feinden, vor Verfolgung, vor Hunger und Kälte. Und doch sehen wir, daß dieser Selbsterhaltungstrieb bei manchen Tiermüttern völlig zurücktritt hinter den größeren, mächtigeren Trieb der Brutfürsorge.

Man glaubte im Mittelalter, daß der Pelikan seine Jungen im Nest mit dem eigenen Blut tränkt. Nun, das ist eine Fabel, und bei naiver Betrachtung sogar eine unsinnige; denn es würde den Tod der Jungen bedeuten, wenn ihre Mutter verblutet. Aber es gibt tatsächlich Fälle im Tierreich – sie sind gar nicht selten bei den sogenannten niederen Tieren –, wo die Geburt der Jungen den sicheren Tod der Mutter bedeutet. Die Ibisfliegen sterben bei der Eiablage, die sie zu Hunderten gemeinsam im dichten Schwarm vornehmen. Ihre durch Sekrete zu einem kopfgroßen Klumpen verklebten Leiber bilden die erste Nahrung der aus den Eiern schlüpfenden Larven. Eine

Generation opfert sich also für die nächste! Freilich fehlt die Freiwilligkeit, die für uns zum Begriff des Opfers gehört. Ein solches Tier kann sich ja seinem Tod gar nicht entziehen, er ist in den Funktionen des Körpers angelegt – mit dem Hochzeitsflug ist auch das Todesurteil gefällt. Eine Flucht vor diesem Schicksal ist unmöglich. Und selbst wenn der Hochzeitsflug ausfiele: bei vielen Insekten wachsen auch die unbefruchteten Eier im weiblichen Körper schnell heran, füllen ihn und führen nach dem unbeugsamen Gesetz der Art den Tod der Mutter herbei.

Bei höheren Tieren finden wir oft ein Verhalten der Muttertiere, das man mit mehr Recht als Aufopferung für die Jungen beschreiben könnte. Wenn die Jungen und das Nest verteidigt werden, kämpfen viele Vögel und Säugetiere schonungslos bis zum eigenen Tod. Der Fluchtinstinkt ist blockiert, sagen wir. Auch kommt es bei säugenden Tiermüttern vor, daß von der hungrigen Schar der Jungen die Zitzen zerbissen werden und die Mutter verbluten kann. Auch in solchen Fällen sind offenbar die Flucht-, Abwehr- und Selbsterhaltungsreaktionen vollständig blockiert.

Auch bei Menschenmüttern herrscht ein natürlicher Instinkt, sich für ihr Kind einzusetzen, und dieser Instinkt ist sehr stark. Aber im Gegensatz zu den Tiermüttern läßt er sich – bei aller Stärke – von einer Menschenmutter überwinden. Es opfert sich schließlich nicht jede zwangsläufig instinktiv auf: Menschenmütter können solches Opfer auch verweigern oder bewußt unterdrücken. Sie können zum Beispiel belehrt worden sein, daß es gut für das Kind sei, nachts zu schreien. Obgleich ihr natürliches Gefühl sie dann treiben wird, das Kind aufzunehmen und zu stillen, tun sie es nicht, weil sie dem Erlernten, einer Autorität, einem Buch oder dem Ratschlag eines anderen mehr Gewicht beimessen als ihrem natürlichen Streben.

Bei Tiermüttern dagegen könnte man instinktive Neigungen

höchstens in einer mühsamen Dressur unterdrücken, normalerweise sind sie in ihren Handlungen viel strenger determiniert als wir. Ihre Instinkte legen für sie die Handlungen fest. Theologisch ausgedrückt könnte man sagen: Gott hat diese Instinkte in die Tiere gelegt, er denkt und schaltet für sie. Der Zoologe freilich kann das nicht so ausdrücken. Er könnte allenfalls mit Konrad Lorenz sagen: die „beiden großen Konstrukteure des Artenwandels“ haben das getan. Man nennt sie „Mutation“ und „Selektion“, aber so sehr viel ist mit diesen Namen nicht gewonnen. Sie sind ein Modell, mit dem Zoologen allenfalls Vorgänge beschreiben können. Aber das befriedigt nicht, es ist nur eine Teilantwort, es ist nicht die *ganze* Wahrheit.

Zwar läßt sich konstatieren, daß die Zoologie Gefühle bei Tieren nicht beweisen kann, aber ebenso wenig kann sie auch nicht kategorisch bestreiten, daß es Gefühle bei Tieren geben könnte. Sie kann nicht eindeutig wissen, ob wirklich alle Vergleichbarkeit zwischen tierischem und menschlichem Erleben ausgeschlossen werden kann. Zumindest bei den höchsten Tieren werden vermutlich doch Vorformen unserer eigenen Gefühlswelt und unserer vertrauten Bewußtseinsinhalte anzutreffen sein. Bei den Versuchen von Harlow an Affenmüttern und ihren Kindern gibt es erstaunliche Parallelen.

Zeitlich verkürzt – bei Menschenaffen in der halben Menschenzeit, bei Affen in halber Menschenaffenzeit – spielt sich in drei deutlichen Phasen zwischen Mutter und Kind alles nacheinander ab, was wir vom Menschen her kennen. Zunächst ist da die vollständige mütterliche Verbundenheit, die sogenannte „Affenliebe“ möchte man sagen, obwohl sie bei den Menschen weiter verbreitet ist als bei den Affen. Denn dort folgt auf diese Periode mit völliger Gewißheit die Übergangsphase, in der eben gerade nicht unbedingt und ganz automatisch alles bejaht und gestützt wird, was das Junge tut. Es gibt Warnung, Zurechtweisung, Strafe – alles Handlungen, die in der ersten Phase noch fehlten. Und schließlich folgt ebenso regelmäßig die dritte, nämlich die Trennungsphase, in der die Affenmutter unbeirrbar, manchmal sogar hart und brutal die Abkehr von ihrem Jungen vollzieht, es – wenn ich einmal so sagen darf – seelisch abnabelt und in die Welt entläßt. Alle drei Phasen, auch diese letzte und für das Kind so schmerzliche, sind notwendig, das haben Experimente gezeigt; denn nur so kann der junge Affe ein wertvolles, d.h. ein normales Mitglied der Affengesellschaft werden.

Ich glaube, wir würden die Objektivität überstrapazieren, wenn wir leugnen wollten, daß die Ausdrücke von Angst oder Zufriedenheit, von Zärtlichkeit oder Abneigung, die wir in den Gesichtern solcher Affen sehen, andere Ursachen hätten als bei uns. Wir dürfen sie wohl als einfache, aber eben doch vergleichbare Regungen eines Gefühls betrachten, das unserem eigenen Erleben verwandt ist. Fast alle Menschenmütter kennen das auch: ihre „Affenliebe“ für das Neugeborene, ihr Bedürfnis, sich ausschließlich um ihr Kind zu kümmern, es immer im Auge, in Rufnähe zu haben. Viele Säuglingsmütter entdecken an sich das erstaunliche Phänomen des sogenannten Ammenrapportes, daß sie also zum Beispiel ein schweres Gewitter tiefschlafend überhören können, während der kleinste Laut ihres Babys sie hellwach macht.

Aber sie wissen anscheinend keineswegs mit derselben Sicherheit wie Harlows Affenmütter, daß dieses ihr Fühlen richtig, gut und praktikabel ist. Denn da ist der bereits vor Eifersucht kochende und Zuchtmaßnahmen erfindende Ehemann im Hintergrund – da ist Schwester Gertrud von der Mütterberatung, die Hebamme, der Arzt, die Gemeindeschwester. Sie alle pflegen heute noch im allgemeinen zu sagen: Auf diese Weise verwöhne man das Kind hoffnungslos, man müsse es nach Vorschrift 1, 2, 3 so und so behandeln – von der Mutter fernhalten, sich eine gesunde Lunge anschreien lassen usw.

Die junge Mutter lernt das seufzend – aber in ihr bleibt ein quälender Zwiespalt zwischen ihrem Drang zur Fürsorge, zu der Neigung zu totaler Verbindung mit dem hilflosen Neugeborenen und ihrer Folgsamkeit gegen die Leute vom Fach. Und nicht viel anders ist das dann bei der Ablösungsphase. Es kann für Eltern erlösend sein zu verstehen: Nicht böse und lieblos braucht es zu sein, wenn sie ihren trotzenden Kindern Widerstand entgegensetzen. Auch diese uns oft hart zusetzenden, quälenden Uneinigkeiten mit den Kindern gehören mit zum Lieben: zu der Notwendigkeit, einem Kind den Start in das selbständige Leben zu ermöglichen! Affenmütter können Menschenmütter also von quälenden Zweifeln an der Rechtmäßigkeit ihrer Handlungsimpulse befreien!

Das kann sehr wichtig sein; denn heute wissen wir zum Beispiel, daß die „Affenliebe" einer Mutter für ihr Neugeborenes nicht nur richtig, sondern von unermeßlicher Bedeutsamkeit ist. Man hat eine Untersuchung an Heimkindern durchgeführt, die als Säuglinge stets nur etwa 60 Minuten von den 24 Stunden des Tages mit ihrer Pflegerin in Kontakt stehen konnten: sie wiesen schwere Schäden auf, wurden später oft kontaktschwach, unausgeglichen und entfalteten ihre geistigen Fähigkeiten zu spät und zu schwach. Bei vielen fällt aber vor allem aus: das Vermögen, sich fröhlich, schenkbereit für andere aufzuschließen, das heißt also: zu *lieben*. Weil ein großes Erfahrungsmaterial über die Ursachen seelischer Schäden bei Kindern und Erwachsenen mittlerweile vorliegt, weiß man heute, daß Menschen eine um so festere Lebensbasis haben, je mehr sie als Säuglinge von ihren Müttern bedingungslos und opferbereit geliebt und gepflegt worden sind. Insofern ist das Bild vom Vogel Pelikan, der seine Jungen mit dem eigenen Blut tränkt, im Grunde doch ein sehr zutreffendes Symbol für dieses dem Kinde lebensnotwendige Liebesopfer. Nicht weniger als das ist nötig: die Preisgabe einer großen Menge der eigenen Lebenskraft für dieses Kind.

„Nestwärme" hat nichts mit überheizter Ölheizung zu tun, nichts mit exquisiter Babyausstattung, ja nicht einmal etwas mit engagierten oder aus der Verwandtschaft herbeigeholten Pflegepersonen. Dieses Lieben hat etwas mit dem Opfern der eigenen Zeit zu tun, der eigenen Ansprüche auf einen höheren Lebensstandard zum Beispiel, der durch die Berufsarbeit der Säuglingsmütter erreicht werden könnte. Es hat etwas zu tun mit dem Opfern mancher Nachtruhe und sogar – was den Frauen heute besonders schwerfällt – mit der Bereitschaft zur Preisgabe ihrer „Figur" während der Schwangerschaft und in der Stillphase und damit gewissermaßen ihres Marktwertes sexueller Anziehungskraft. Ein hoher Prozentsatz stillunwilliger Mütter gibt die Furcht vor der Entstellung der Brust als Hauptargument an. Die Stillfähigkeit aber sinkt – so hat eine amerikanische Untersuchung ergeben – mit der Stillunwilligkeit.

Das Liebesopfer der Mütter, den Kindern im ersten halben Jahr konstant und geduldig die Nahrung des eigenen Leibes und ihrer Nähe zu schenken, ist heute keineswegs überholt und sinnlos geworden. Das kristallisiert sich bei vergleichenden Beobachtungen an Tier- und Menschenmüttern immer deutlicher heraus. Der natürliche, leibnahe Kontakt durch das Stillen ist für die seelische Entfaltung des Kindes ein hoher Wert. Das Sich-Ersaugen der Nahrung direkt aus dem mütterlichen Körper kann eine erste grundlegende Voraussetzung bilden sowohl zu späterer Arbeits- als auch vor allem zu späterer Liebesfähigkeit. Wer hat sich je darüber ernsthafte Gedanken gemacht, ob es für die Gefühlserfahrung des kleinen Menschenkindes nicht durchaus fragwürdig sein kann, statt warmer Leiblichkeit eine Attrappe aus schnödem Gummi angeboten zu bekommen?

Die Flasche hat deshalb jahrzehntelang geradezu der weitgehenden Emanzipation der Säuglingsmutter von ihrem Kind Vorschub geleistet. Muß ein Kind notgedrungenerweise aus der Flasche gefüttert werden, so dürfte die Konsequenz nicht heißen: Also kann ich ja arbeiten gehen und das Kind in der Säuglingskrippe versorgen lassen. Nein, sie müßte heißen: Was dem Kind bei der künstlichen Ernährungsform an unmittelbarem Bezug zu seiner Mutter verlorengeht, muß ihm im täglichen Umgang an zusätzlichem Körperkontakt quasi nachgeliefert werden. Die Unfähigkeit vieler Heimkinder, später Zärtlichkeit zu empfinden und geben zu können, hat ihre Ursachen oft in diesem Ausfall des Erlebens engster, leibhaftiger Kommunikation mit der Mutter. Sie werden dort – selbst bei bester Ernährung – eigentlich nie richtig satt, weil sie keine geduldige Zuwendung und Mutterliebe genießen können.

Der Mann steht vor dieser innigen, leiblich-verschworenen Mutter-Kind-Gemeinschaft des Stillens immer etwas hilflos da, er kommt sich überflüssig vor. Er weiß oft bei so kleinen Kindern zunächst nicht recht, wie er seine Vaterliebe zeigen soll. Da mag Vaterliebe ein Gefühl sein so stark wie Mutterliebe – und auch so opferbereit – aber dieses Lieben kann den Säugling nicht so unmittelbar wie die stillende Mutter erreichen.

Mit dem Fühlen allein scheint es auf dieser Stufe also keineswegs getan zu sein: eigentlich hat das Lieben in diesen Bereichen zwischen Mutter und Säugling etwas mit sehr konkreten Handlungen zu tun. Das geduldige, bereite Sich-Hinhalten, das Hingeben von etwas aus seinem eigenen Leibe, das scheint das Wesentliche dieser opfernden Liebe zu sein. Und gerade dieses Handeln der Mutter hat weitreichende Folgen für das spätere Lebensschicksal des Säuglings. Spendende Leiblichkeit der Mütter scheint eine Voraussetzung zu bilden für die spätere partnerschaftliche Liebesfähigkeit der Kinder. Ja, man könnte direkt sagen: dadurch, daß eine Mutter am Lebensanfang eines Kindes das Opfer ihrer Person bringt, wird in ihm der Impuls geweckt, selbst hinwendungs- und hingabebereit zu werden, selbst später Liebesopfer zu bringen.

Diese Zusammenhänge sind freilich auch in der Zoologie bekannt, seit Harlow sie mit seinen Versuchstieren weitgehend bestätigte. Er hat viele Affenbabys mutterlos aufgezogen, zum Teil allein, zum Teil auch in Gesellschaft Gleichaltriger. Dabei zeigte sich, daß die Unfähigkeit zu sozialem Verhalten genau das Maß an Isolation widerspiegelt, das so ein Affenbaby erdulden mußte. „Die Resultate zeigen deutlich, daß 6 Monate totaler Isolation Affen hervorbringt, die unfähig sind, mit Altersgenossen sozial zu interagieren. Erst nach sechs bis sieben Monaten der sozialen Prüfung war eine leichte Besserung in ihrem sozialen Verkehr miteinander zu beobachten. Die 12 Monate lang Isolierten verkehrten sozial praktisch überhaupt nicht miteinander oder mit Kontrolltieren. Man mußte den sozialen Test in diesem Versuch nach 10 Wochen sogar abbrechen, weil die Kontrolltiere die sozial Isoliertgewesenen immer mehr mißhandelten, und wir waren überzeugt, daß die Isolierten getötet worden wären im Falle, daß die Tests weiterliefen."

Am erstaunlichsten aber ist es, daß die weiblichen Tiere, die als Isolierte einst zu wenig „geliebt" wurden, anscheinend auch zu wenig Bindung an ihre eigenen Kinder empfinden, wenn sie selbst Mütter werden. Sie sind nicht in der Lage, ihnen das Ausmaß an Behütung zukommen zu lassen, zu dem jede normal aufgewachsene Affenmutter instinktiv bereit ist. Ihre Mutterinstinkte sind also unterentwickelt!

Und solche Erfahrungen lassen sich auch in der kinderpsychotherapeutischen Praxis machen, wenn man sich die Zeit nimmt, die Vorgeschichte von jenen Müttern zu erfragen, die zu ihren Kindern keinen Kontakt finden. Häufig haben solche Mütter selbst unter einem tragisch-schweren Kinderschicksal gestanden. Manche, die über Beziehungslosigkeit zu ihren Kindern klagen oder bei denen das Jugendamt einschreiten muß, weil sie ihre Kinder grob vernachlässigen, mußten selbst mutterlos – viele davon in Waisenhäusern – aufwachsen.

Dennoch gibt es einen wichtigen Unterschied zu Harlows

Affenversuchen: während bei den Tieren diese Schädigung zwangsläufig auftritt und nicht wieder zu beseitigen ist, gibt es beim Menschen Fälle, bei denen durch nachholende Liebe mühsam, aber schließlich doch erfolgreich an der Hand einer liebenden Person das Lieben gelernt wird. Sie muß dann allerdings zu einem solchen Heilen das ganze Ausmaß opfernder Bedingungslosigkeit einsetzen. Ein solches nachholendes Lieben wird also stark den Aspekt der Fürsorge tragen, des Leiblichen, des Tränkens und Nahrungsgebens. Erst aus dem Erlebnis der opferbereiten Leiblichkeit entsteht dann die Fähigkeit des Liebens, jenes „zärtlich-freundlichen Zuneigens gegenüber einem Objekt", wie es anfangs definiert wurde.

Denkt man darüber nach und stellt in Rechnung, wie sehr diese primäre Leibnähe in unserer modernen Säuglingspflege – erstmalig in der Geschichte der Menschheit bis in die Mitte der achtziger Jahre – vernachlässigt wurde, so scheint der Schrei nach Leiblichkeit, der uns in der Sexwelle der ganzen westlichen Welt entgegenspringt, eine interessante Erklärung zu finden. Suchen die Menschen vielleicht gar nicht die reife, partnerschaftliche Liebe des Erwachsenenalters, sondern vielmehr auch als Erwachsene im Grunde den tränkenden Brunnen opfernder Mutterschaft, und zwar dranghaft gesteigert, suchtartig, aus einer ungesättigten Ursprungsbedürftigkeit heraus? Ist das ein Grund für den Anstieg der Sexualsucht und der Sexualdelikte? Auf jeden Fall haben wir wohl deshalb heute ein solches Ansteigen der oralen Süchte zu verzeichnen: den so angewachsenden Konsum von Zigaretten und von Getränken. Ist nicht das Angebot an unsere Sinne – vor allem an die des Mannes –, das sich an jedem Zeitungskiosk und fast jedem Werbeplakat in der Form nackter Weiblichkeit auftut und uns mit tausend runden Brüsten zum Kauf verlocken soll, letztlich auch ein Appell an unseren unbewußten und ungestillten Säuglingsdurst?

Ein Durchdenken solcher Möglichkeiten kann erhellend sein. Wir können das Lieben nicht erlernen, das Gefühl des Liebens nicht voll entfalten, wenn wir nicht um diesen Ausgangspunkt wissen, der in biologisch notwendiger, leibnaher Opferung besteht. Liebesfähigkeit ist ja nicht nur die Voraussetzung für ein erfülltes, glückliches Leben des *einzelnen*. Je mehr die Menschen kollektiv in enger werdenden Lebensräumen aufeinander angewiesen sind, um so nötiger haben sie es, einander lieben zu können, damit nicht zerstörerische Impulse ihrer aller Existenz gefährden.

Es wird geradezu brennend wichtig, die biologischen Grundlagen dazu nicht nur zu kennen, sondern auch zu praktizieren. Die Aufklärung der Mütter bleibt also nach wie vor ein dringendes Gebot. Das hat eigentlich schon vor tausend Jahren Augustinus gewußt: „Gebt mir neue Mütter", sagte er, „und ich will euch eine neue Welt geben." Aber bei uns geht heute die Aufklärung gewöhnlich in ganz andere Richtung, wir leiden da an einer bedenklichen Verschiebung der Akzente. Mit Recht sagte vor kurzem der Arzt J. Hille: „Keine Mutter kann durch sexuelle Aufklärung ersetzen, was sie dem Kind durch Nichtstillen vorenthalten hat."

Doch darf hier kein Mißverständnis entstehen: es muß deutlich sein, daß nicht primär die Nahrung, also die Muttermilch, das Entscheidende ist, sondern eben die Stillung der natürlichen Bedürftigkeit des Säuglings nach leibnaher Tragfähigkeit und Opferbereitschaft seiner Mutter. Gewiß muß das nicht unbedingt die leibliche Mutter selbst sein – Zuwendung und opfernde Liebe kann auch eine andere Pflegeperson geben. Und dennoch haben wir von den Tierverhaltensforschern lernen können, daß es gefährlich ist, hier nach eigener Maßgabe zu handeln. Jeder kennt mittlerweile den Versuch von Konrad Lorenz, der frisch geschlüpften Gänseküken als ersten Anblick sich selbst präsentierte und dann erleben mußte, daß er dadurch für die gesamte Jugendzeit dieser Vögel deren „Mutter" geworden war, der sie treu und unbeirrt folgten, im Wasser und auf dem Lande. Selbst mit einem Fußball kann man solche Küken „umfunktionieren", wenn man ihnen in ihrer sogenannten Prägungsphase, wenige Stunden nach dem Schlüpfen aus dem Ei, nichts anders bietet. Auch die echte Entenmutter kann eine solche einmal vollzogene Prägung später nicht wieder rückgängig machen: es ist eine personale Beziehung, die sich erst im Erwachsenenalter lösen läßt.

Heute wissen wir, daß auch für das Menschenkind gilt: Direkt nach der Geburt eines Säuglings sind die Pflegerinnen unter Umständen noch austauschbar, das beginnt sich aber bereits nach kurzer Zeit deutlich zu ändern. Im Alter von drei Monaten können Säuglinge ihre Pflegerin unverwechselbar wiedererkennen und zunehmend mit „fremdeln", mit Angst und Abwehr reagieren, wenn statt der vertrauten Person eine andere erscheint. In diesem Alter kann der plötzliche Ausfall der bekannten Pflegerin schwere Depressionen mit Apathie und Entwicklungsstillstand bewirken. Das spricht dafür, daß hier auch ein prägungsähnlicher Bindungsvorgang stattfindet; wir müssen ihn als eine der ersten Voraussetzungen für spätere Liebes- und Bindungsfähigkeit im Erwachsenenalter ansehen.

Es handelt sich also auch hier um eine sensible Prägungsphase im Säuglingsalter. Sicher wird sie sich nicht wie bei den Enten auf einen Fußball richten lassen, aber gewiß muß man mit Schäden rechnen, wenn sie wegen des Wechsels der Pflegepersonen unausgefüllt bleibt. Mit Hilfe eigener katamnestischer Untersuchungen an Kindern, die als Säuglinge in der zweiten Hälfte des ersten Lebensjahres über mehrere Monate hinweg im Krankenhaus liegen mußten, ließ sich die Beobachtung machen, daß die Bindungsfähigkeit und auch die Lernfähigkeit dieser Kinder später spürbar herabgesetzt war. Manche Mütter erzählten in solchen Fällen, daß die Kinder in der

Schule, im Kindergarten und selbst im größeren Familienkreis als Einzelgänger auffallen.

Diese Schwierigkeiten hören oft auch im Erwachsenenalter nicht auf, wie wir es ja von den isolierten, ungeliebten Affenkindern schon erfuhren. Ja, auch die partnerschaftliche Liebesfähigkeit der Erwachsenen erhält einen Teil ihrer Prägung bereits in dem Liebeserlebnis des Kindes mit seiner Mutter. Opfernde Bereitschaft für den anderen, bedingungslose Hingabe füreinander ist ja auch für das liebende Paar die natürliche Haltung. Freilich hat die Frau durch ihre angeborene Mütterlichkeit gewissermaßen einen Vorsprung vor dem Mann. Männer müssen in der Liebe erst dorthin gelangen, wo die Frau, wenn sie liebt, ganz von Anfang an schon ist. Das ist der große Unterschied; daher wohl auch die Gewißheit der Männer, daß uns in diesem tiefsten Sinne „das Weibliche hinanzieht".

Sind wir dort, so wird eben dies zum großen Erlebnis der Liebe für den Mann: daß das Tierische in ihm in ein Menschliches hinangehoben wird. Das Nehmen, das Sich-Selbst-Zugewendetsein des Mannes löst sich dort auf in den Wunsch, der Frau Glück zu bereiten – zu geben, nicht um zu nehmen, sondern um des anderen willen. So wird in der reifen Erwachsenenliebe der Mann in dem Wunsch, sich glückspendend einer Frau zu opfern, hingeführt zu einer Haltung, die der einer spendenden Mutter gegenüber ihrem Kind teilweise ähnlich ist. Wenn ein Mann überhaupt ahnen kann, wie die Liebe zwischen einer Mutter und ihrem kleinen Kinde sich anfühlt, dann nur dort, wo er selbst eine Frau liebt, sie beglücken und hegen, ja erhalten und ernähren, tragen und führen will.

Das muß so sein, die Unterschiede müssen sich schließlich aufheben; denn beide, Mann und Frau, haben am Beginn ihres Lebens, als Säuglinge, genau die gleiche Erfahrung der Mutterliebe gemacht, hatten beide also die gleiche Möglichkeit, Liebe als Haltung opfernder Hingabe zu erleben. Und zum

Opfern gehört das Erdulden, und es können das Leiden und sogar der Schmerz dazugehören.

Allerdings sind die Zusammenhänge zwischen Lieben und Leiden, zwischen Glück und Schmerz nicht so einfach und direkt, wie man zunächst denken mag. Es gibt ein Glück mitten in der schmerzenden, opfernden Hingabe, und – das zeigt die Erfahrung der Psychologie mit so vielen neurotischen Männern – es gibt tiefes Unglück und Leid mitten im vollen Nehmen und Erobern, mitten in der Lust. Dieser Schmerz kann sich bis zum Gefühl des Verschlungenwerdens steigern. Im Tierreich gibt es sogar Fälle, wo für das Männchen der letzte aller Schmerzen, der Tod, der Preis der Lust ist! Für sie ist in vielen Tierarten die Kopulation tödlich! Wenn die befruchtete Bienenkönigin vom Hochzeitsflug heimkehrt, trägt sie als „Königsmal" in ihrem Leib das Geschlechtsorgan der sterbenden Drohne. Und viele Spinnen fressen ihre Männchen nach der Begattung. Der verwirrendste Anblick ist wohl der einer Gottesanbeterin, einer Fangheuschrecke, die trotz ihres frommen Namens ein gefräßiger Räuber ist und die ihr Männchen, das in der Begattung mit ihr verbunden ist, am Kopfe beginnend, langsam verzehrt, bis schließlich nur die Leibesspitze übrigbleibt. Was wir bei einigen niederen Tierarten physisch antreffen, das ist in seelischer Form auch eine Möglichkeit des menschlichen Liebens.

Das ist der andere, der schreckliche Aspekt der Weiblichkeit: die verschlingende, große Mutter. Er ist ein archetypischer Ur-Inhalt unseres Unbewußten. In unzähligen Träumen, Verdrängungen, Hysterien äußert sich diese Angst der Männer, verschlungen und vollständig überwältigt zu werden. Aus der Geborgenheit in der Mutter kann die Gefangenschaft werden, aus der hingebenden Behütung die Lähmung und Verzauberung. Man kann den Kopf verlieren vor Liebe, sagt unsere Sprache.

„Sie hat ihm den Kopf verdreht, sie hat ihn eingefangen, sie ist bezaubernd, er steht in dem Bann ihrer Schönheit, sie hat ihn ganz für sich eingenommen ..." Das sind alles Bilder unserer Sprache, in denen sich diese Urangst des Mannes ausprägt, die Furcht, das Opfer der großen, alles verschlingenden Mutter zu werden.

Solche Urangst muß der Grund dafür sein, daß die Männergesellschaft die Frauen so oft durch strenge Gesetze verhüllt. Sollte das nur die Angst um den kostbaren Besitz sein, die Angst, den Nachbarn zum Raub zu reizen? Man ist doch sonst so stolz auf seinen Besitz und genießt die Bewunderung und auch den Neid der anderen. Es sieht fast so aus, als wenn bei den tief verschleierten Frauen im Orient die Männer vor dem Anblick von etwas Gefährlichem, Schädlichem geschützt werden sollten.

Der Mann – der in der Frau das Opfer seines Eroberungsdranges sieht – fürchtet zugleich, selbst zum Opfer zu werden, sich zu verlieren und verschlungen zu werden von der Weiblichkeit, der ihm irgendwo fremden und unähnlichen, ja unbegreiflichen großen Frau. Da gibt es uralte, magische Bezüge, deutlich erkennbar in der Scheu, das andere Geschlecht beim Namen zu nennen, ähnlich wie man den Namen der furchtgebietenden Mächte nicht nennt, wie man Gottes Namen nicht nennt, sondern vom „Allmächtigen" spricht, wie man nicht vom Teufel spricht, sondern vom „Gottseibeiuns".

Wir haben im Grunde keinen Namen für dieses Wesen, für die „große Mutter". Die unbewußte, tiefe Scheu des Mannes vor ihr hat alle Namen aus der Sprache verdrängt. Zwar sagen wir „Frau", doch heißt das eigentlich Herrin, ist also ein Titel, ein hoher Rang, und keine direkte Bezeichnung; das Wort muß aber seit hundert Jahren als Ersatzbezeichnung dienen für das andere Geschlecht des Menschen; denn auch das Wort „Weib" ist selbst auch wieder nur eine scheue Umschreibung. Unsere Sprache, die im der-die-das so deutlich zwischen männlich, weiblich und sächlich zu unterscheiden weiß, benutzt eigenartigerweise bei dem Weiblichsten, das man sich denken kann, beim Weib selbst, den sächlichen Artikel. *Das* Weib sagen wir, und dieses Wort bedeutet eigentlich nur: das Verhüllte, das von Geweben eingehüllte und Verborgene, also etwas, dessen wirklichen Namen wir nicht nennen wollen. Unsere Sprache zieht einen Zaun um einen Tabubezirk wie ihn nur starke Emotionen erfordern.

Diese Haß-Liebe zu Frau und Mutter, dieses Hingezogensein zum Quell opfernder Bereitschaft und zugleich diese Angst vor ihrer bedingungslosen Erwartung und Forderung nach ähnlicher Bereitschaft und Hingabe – das ist die geradezu archetypische Konfliktsituation. Aber es ist unsere Aufgabe, die säuglingshaft passive, süchtig-suchende Abhängigkeit vom Weiblichen ebenso zu überwinden wie das unbewußte Grauen davor, daß der erwachsene Partner zur übermächtigen Mutter werden könnte. In solcher Überwindung von Fesselung und Angst könnte der Weg frei werden zu echter, von allen Komplexen und Rollenerwartungen freier partnerschaftlicher Liebe des reifen Menschen. Aber solche Überwindung gelingt eben nur, wenn die früheren Verhaftungen wirklich abgestreift werden. Und die wichigste Voraussetzung für das Reifen – das sei nochmals mit aller Deutlichkeit gesagt – ist der normale Beginn. Am Anfang muß die opfernde Liebe einer Mutter stehen, wenn wir selbst es erlernen sollen, später selbst opferbereit zu lieben, und das heißt: zu lieben, indem wir die Nöte und die Bedürfnisse des anderen fühlen und zugleich den Wunsch, sie zu stillen.

Lieben als Gewinn

Unser erstes Nachdenken über das Lieben – seine Grundformen und Entwicklungsweisen – hatte uns zu den Müttern geführt. Die opfernde Mutter, das Bild der Madonna und der Pietà, wurden uns zum Ur-Modell liebender Zuwendung, die nichts für sich und alles für den anderen will. Wir hatten gefunden, daß sich in dieser liebenden Mutter-Kind-Gemeinschaft beim Menschen und auch schon beim Tier die Quelle auftut, aus der ein Neugeborener nicht nur trinkt und genährt wird, sondern auch seelisch wächst, indem er tief im Unbewußten die Erfahrung macht, was Liebe ist und so – *nur so* – selbst lieben lernt.

Doch war auch der andere Aspekt deutlich geworden: der Weg vom liebenden Tränken und Nähren bis zum Überquellen solcher Bereitschaft, die die Ablösung versäumt, die verwöhnt, überfüttert und damit letztlich lähmt und erdrückt. Die gleiche liebende Mutter, die sich für ihr Kind und ihren Mann entäußern möchte, findet oft den geliebten Menschen zugleich „zum Fressen süß" und möchte ihn haben – ganz für sich, mit Haut und Haar. Ein solches Gefressenwerden aber ist selig und grausig zugleich, und deshalb ist die große, alles verschlingende Mutter in den alten Mythen und Religionen so sehr wie in den Märchen und den Träumen unserer Tage immer die andere Seite des Bildes der Mutterliebe.

Geliebt zu werden, Opfer an Bereitschaft zu bedingungsloser Zuwendung und Hingabe zu erfahren, erhebt uns und macht uns doch zugleich selbst zu Opfern! Das ist die Konsequenz aus der Ambivalenz aller seelischen Bezüge. Wir kennen alle diese Ehepaare und Mutter-Kind-Konstellationen bei Erwachsenen, wo jeder Teil fest überzeugt ist, sich völlig für den anderen aufzuopfern, ganz für ihn zu leben, und wo doch diese gegenseitige Bindung eine gegenseitige Fesselung ist, ein kannibalisches Besitzergreifen des anderen. Mancher Sohn, der noch als Erwachsener fest an seine Mutter gebunden ist, lebt wie ein Gefangener und nur scheinbar glücklich.

Lieben allein unter dem Gesichtspunkt des Spendens, des Opferns zu sehen, kann diesem Gefühl, dieser Haltung gewiß nicht ganz gerecht werden. Das wird schon bei der Entwicklung des Kleinkindes sehr deutlich erkennbar. So sehr es zunächst im Raume der mütterlichen Fürsorge gelebt hat und von ihren spendenden Opfern getragen wurde, es wächst doch aus eigenem innerem Antrieb allmählich heraus aus diesem Bannkreis, wird von innen her geradezu in die Selbständigkeit gedrückt und entflieht trotzend dem, was es doch braucht und was zu verlieren es doch schmerzt. Der zunächst so fraglose Gewinn, den die Mutterliebe für das Kind bedeutet, wird von ihm ganz natürlich und regelhaft in Frage gestellt, ja, man könnte sagen: das Kind opfert seine empfangende Liebesbindung als notwendigen Ablösungsschritt und als Preis für die Selbständigkeit.

Diese Ablösung – so gesund sie ist und so sehr sie Gewinn bedeutet – ist gewiß schmerzhaft für *beide* Teile. Wenn das Kind aus seiner primären Passivität entlassen wird und aufbricht zu sich selbst, so nimmt mit der zunehmenden Erhellung seines Bewußtseins auch das Gefühl von Isoliertheit, von Alleinsein und Abgetrenntheit zu. Der Schmerz, etwas Kostbares verloren zu haben, aus dem Paradies ausgestoßen worden zu sein, entsteht bei den Kindern in dem Maße, in dem sie die Realität der Ablösung zunehmend mehr erfassen und dabei lernen, sich und die Mutter als getrennte Welten zu erleben. So ist die Sehnsucht nach dem verlorenen Paradies, nach dem Goldenen Zeitalter, letztlich der Ausdruck unserer ersten, schmerzlichen Erfahrungen und die Erinnerung an den Verlust der wahren kindlichen Geborgenheit, in der die Welt noch heil und ganz war, weil wir von unserer Mutter noch nicht getrennt waren.

Und dieser erste, bewußt erlebte Verlust ist nun – um die Zeit der Fünfjährigkeit des Kindes – zugleich gekennzeichnet durch ein mächtig aufbrechendes, drängendes Suchen nach Ergänzung. Das Kind erlebt sich anscheinend in diesem Alter erstmalig als einen, der „draußen vor der Tür" steht. Merkwürdigerweise versucht es nun bereits zu diesem frühen Zeitpunkt seiner Entwicklung, die Abgetrenntheit zu überwinden, und zwar unübersehbar deutlich vor allem mit Hilfe der gegengeschlechtlichen Erwachsenen.

Wir selbst haben als Erwachsene zwar die ersten Nöte und Irrungen unserer eigenen Kindheit meist fast vollständig wieder vergessen. Aber in unseren Kindern sehen wir sie neu erstehen. Kleine Töchter tragen zum Beispiel dem Vater gelegentlich an, sie mit dem Namen der Mutter zu rufen, und versuchen auch sonst, deren Stelle bei ihm einzunehmen. Manche der kleinen Söhne wehren in diesem Alter den Vater eifersüchtig ab, sie machen nicht selten der Mutter Heiratsanträge oder schlagen sogar vor, den Vater wegzuschicken, um an seine Stelle treten zu können.

Dies alles geschieht typischerweise in einer Entwicklungsstufe, in der das Kind erstmalig zum Bewußtsein seiner Geschlechtsrolle kommt. Man könnte es auch so ausdrücken: die Erkenntnis, Bub oder Mädchen zu sein und damit unabänderlich verurteilt dazu, nur eine Seite des Menschseins zu verkörpern, weckt die Sehnsucht nach der anderen Seite, nach Ergänzung, Vervollkommnung, nach Zugewinn durch die antipodische Hälfte.

Diese Sehnsucht nach der verlorengegangenen Hälfte, nach Ergänzung (also: nach dem Wieder-ganz-Werden) ist schon

Mythengut der alten Griechen gewesen. Plato beschreibt das an einer berühmten Stelle im „Gastmahl“:

„Unsere ehemalige Natur war nicht dieselbe wie jetzt, sondern eine ganz andere. Es war die ganze Gestalt eines jeden Menschen rund, so daß Rücken und Brust im Kreis herum reichten. Und vier Hände hatte jeder und vier Füße und zwei Angesichter. An Kraft und Stärke waren sie gewaltig und hatten auch große Gedanken, so große, daß sie sich einen Zugang zum Himmel bahnen wollten, um die Götter anzugreifen.

Zeus und die anderen Götter ratschlagten, was sie tun sollten, und mit Mühe endlich hatte Zeus ein Mittel ersonnen, wie es weiterhin Menschen geben könnte und sie doch ablassen müßten von ihrem Übermut. Denn jetzt, sprach er, will ich sie jeden in zwei Hälften zerschneiden, so werden sie schwächer sein und doch zugleich uns nützlicher, weil ihrer mehr geworden sind, und aufrecht sollen sie gehen auf zwei Beinen. Nachdem so die Gestalt des Menschen entzweigeschnitten war, in einen Mann und eine Frau, sehnte sich jedes nach seiner anderen Hälfte. Von so lange her also ist die Liebe zueinander den Menschen angeboren, um die ursprüngliche Gestalt wiederherzustellen, und die Liebe versucht seitdem, aus zweien eins zu machen und die menschliche Natur zu heilen.“

Diese Sehnsucht nach Ergänzung kennen wir alle. Sie ist bei Erwachsenen stets mit einer gewissen Auswahl verbunden. Wir haben eine bestimmte, mehr oder weniger deutliche Vorstellung vom Ziel der Sehnsucht, vom idealen Partner, haben einen bestimmten Typ, den wir sympathisch finden. Und wie sehr die Sehnsucht nach Ergänzung, nach Vervollständigung hier im Vordergrund steht, ist daran zu erkennen, daß dieser Typ oft sehr gegensätzlich ist und gerade dadurch fasziniert. Im Groben ist das „Ergänzungsprinzip“ auch bereits bei der geschlechtlichen Fortpflanzung im Tierreich anzutreffen. Männliche und weibliche Organe passen schließlich in der geschlechtlichen Vereinigung wie Form und Hohlform ineinander, und erst beide zusammen machen das Ganze der Art aus. Dabei kommt es oft zu sehr komplizierten Strukturen und Verhaltensweisen, die gegenseitig einrasten oder einklinken müssen: man hat von einem Schloß-Schlüssel-Prinzip gesprochen. Wie ein Sicherheitsschlüssel, der nur in ein ganz bestimmtes Schloß paßt, sind bei vielen Tieren die männlichen Fortpflanzungsorgane gestaltet. Ja, bei manchen Insekten ist es tatsächlich so, daß die Männchen sich jedem einigermaßen ähnlichen weiblichen Tier nähern und nach der Methode von Versuch und Irrtum ausprobieren, ob sich ein für ihren Schlüssel geeignetes Schloß findet.

Der biologische Sinn des Schloß-Schlüssel-Prinzips besteht darin, daß eine Kreuzung zwischen verschiedenen Arten verhindert wird. Oder anders gesagt (denn die Biologie spricht lieber und eindeutiger von der Funktion als vom Sinn): wo dieses Prinzip herrscht, da funktioniert es so gut, daß sich viele ähnliche Arten unvermischt nebeneinander bilden und erhalten können.

Meist sind es also gerichtete Ergänzungsversuche, die bereits durch sogenannte „Auslöser" auf das geeignete Objekt gelenkt werden. Das mechanische Passen ist nur eine, die primitivste Form des Suchens und Findens. Die Auslöser oder „Artsignale" sind oft optisch, oder sie sprechen den Geruchssinn oder das Gehör an. Immer aber entspricht einem bestimmten Sender ein auf ihn eingerichteter Empfänger, immer paßt auf eine Frage nur *eine* richtige Antwort. Und immer vollzieht sich das Streben der Geschlechter zueinander mit dem Ziel, auf die *eine* Frage die *eine* richtige Antwort zu finden. Auch bei den Tieren sucht jeder Vertreter eines Geschlechts in dem des anderen seine Ergänzung, also immer eine ganz bestimmte, eben seine Hälfte, so als wäre sie ihm, wie in Platos schönem Bilde vom Menschen, einst verlorengegangen.

Beim Menschen geht dieses Suchen über das ganz allgemeine Drängen nach dem anderen Geschlecht freilich deutlich hinaus. Oft bevorzugen Menschen geradezu starrsinnig einen immer gleichen Typ, ein Mann zum Beispiel immer Frauen, die unscheinbar, blond und mollig sind, oder eine Frau immer dunkle, bärtige, hochgewachsene Männer. Es ist nicht immer einfach, sich hier selbst auf die Spur zu kommen; denn natürlich kann man solche ausgeprägten Bevorzugungen nur dort feststellen, wo der Partner häufig gewechselt wird. Eindeutig wird die Statistik erst bei hohen Zahlen.

Aber das Auffinden der fehlenden Hälfte ist wohl doch schwieriger, als es die Vorstellung von der Liebe auf den ersten Blick uns einreden will. Und doch liegt in der plötzlichen Heftigkeit, mit der die Begegnung solcher Paare in Liebe und Faszination umschlägt, ein tiefer Zauber. Wie sollte es auch anders sein; denn dies ist ja das einzige Märchen, das sich in jedem Leben zutragen kann. Wir alle warten darauf, und dies ist eins, auf das wir fast einen Anspruch zu haben glauben. Dabei hat diese Art des Sich-Verliebens aber ebenso die Nuance des Gewinns und der Entdeckung wie die einer Erinnerung, eines Wiederfindens. Am bekanntesten sind in diesem Sinne wohl die Zeilen Goethes an Charlotte von Stein:

> „Ach, Du warst in abgeschiednen Zeiten
> meine Schwester oder meine Frau!“

Dieses Finden, das wie ein Wiedererkennen ist, muß tiefes Glück bedeuten, auch wenn an seinem Ende Enttäuschung stehen kann. Zunächst ist es ganz frei davon, ist ganz Wunder und Seligkeit. Der erste Kuß, ja der erste Blick des Einverständnisses, das sind für den Menschen, der sehnsüchtig nach der ihm genau zugemessenen Hälfte Ausschau hält, Erlebnisse, die in ganz tiefe Schichten reichen, ihn manchmal stärker berühren als alles, was noch folgen könnte. Ernst Jünger beschreibt eine solche erste Begegnung sogar als den höchsten und eigentlichen „Augenblick des Glücks“:

> „Ich sah, wie Coralina von der Brücke mir entgegenschritt, sie hatte mich bereits von fern erkannt. Die Mischung von Glück und Bangen, die mich ergriff, war wie ein Wirbel, der die Wirklichkeit zugleich verschärfte und zu zerstören drohte; sie zeigte, daß ich zugleich Wild wie Jäger war. Noch war das Wesen, das sich mir mit leichtem Schritt nahte, ein Inbild der Träume, wie es dem Beschwörenden erscheint. Und doch gewann es Realität. Ich sah das grüne Kostüm, die rote Tasche am langen Bande... und

alles erschien mir wunderbar an der Sekunde – wie etwa, daß inmitten Tausender von Menschen ihr Blick allein auf mich gerichtet war. Schon knüpfte sich das Geheimnis zwischen uns. Schon sah ich ihr Lächeln wie die erste Bewegung, das erste Zittern des Vorhangs einer unbekannten Welt. Wir waren Verschworene. Das war der Augenblick, in dem sie mir am mächtigsten begegnete."

Eine solche Seligkeit klingt in den Liebesgedichten der meisten Dichter irgendwann einmal auf. So zum Beispiel bei Storm in dem Vers:

„Als ich dich kaum gesehn,
mußte es mein Herz gestehn,
ich könnt' dir nimmermehr
vorübergehn ..."

oder bei Rilke:

„Du machst mich allein.
Dich einzig kann ich vertauschen.
Eine Weile bist du's,
dann wieder ist es das Rauschen."

Rilke betont hier sehr deutlich das Suchen nach dem bestimmten, im Grunde der Seele liegenden und allein seligmachenden Bild. Aber er meint auch zu wissen, und zwar schon im ersten Moment des Findens, daß dies Gefühl des Gefundenhabens sich als Täuschung erweisen wird, daß dem Angekommensein ein neuer Aufbruch folgen wird. Man sollte diesen tragischen Zug des Liebessehnens aber völlig trennen von dem zunächst einmal geradezu biologisch-regelhaften Drang nach Ergänzung und Erfüllung. Mag Liebe letztlich Schmerz und Enttäuschung bedeuten: zunächst einmal ist sie hier ganz deutlich Gewinn; denn sie ist Wunsch-Erfüllung!

Interessanterweise gibt es im Bereich der Tierverhaltensforschung Vorformen dieser Faszination. Schon das merkwürdige Partnerschaftssuchen der Kinder bei ihren Eltern, von dem ausgegangen wurde, enthält doch noch Elemente der starren,

„tierischen“ Determiniertheit, wie sie bei der Begegnung von Tieren im Brunstverhalten erkennbar sind. Müßte man also nicht von einer „tierischen“ Ähnlichkeit im menschlichen Verhalten dieser Art sprechen, die bis in unser Erwachsenenalter hineinreicht und die uns ein Verhalten diktiert, das uns instinktiv handeln läßt und damit unfrei macht?

Manche Verhaltensforscher benutzen z. B. den Ausdruck „sich verlieben“ – wenn auch in Anführungsstrichen – in ihren Arbeiten, wenn sie über Entenvögel berichten. Der Ausdruck drängt sich geradezu auf, wenn man das plötzlich einsetzende, faszinierte Werben und unbeirrbare Suchen eines Tieres sogar nach einem ganz bestimmten anderen Individuum beschreiben will. Enten und Gänse zeigen solche Erscheinungen, die Tiere also, von deren „Prägung“ auf die Mutter wir bereits gesprochen hatten. Viele Versuche von Konrad Lorenz, Friedrich Schutz und Helga Fischer am Max-Planck-Institut in Seewiesen haben ganz deutlich gemacht, daß sich zum Beispiel die Erpel nur in solche Exemplare „verlieben“, an denen sie Merkmale wiederfinden, die sie in ihrer Kindheit schon einmal gesehen haben: nämlich an ihrem Elternkumpan! Die kleinen Erpel lernen also gewissermaßen an ihrer Mutter, wie ihre spätere Frau auszusehen hat. Nur eine Entendame, die sie an ihre Mutter erinnert, kommt für sie in die engere Gattenwahl!

Das ist biologisch ein sehr wichtiger Mechanismus; denn durch ihn wird die Kreuzung verschiedener Arten verhindert. Es gibt ja oft mehrere Arten dieser Vögel nebeneinander im gleichen Wohngewässer. Daß sie dort unvermischt existieren können, setzt ein gut funktionierendes Erkennungssystem der Artgenossen voraus. Bei den meisten Tieren sind diese Erkennungsmerkmale erblich einprogrammiert, auch bei manchen Entenarten, die sich auffällig, durch besonders bunte Färbung von anderen unterscheiden. Aber dort, wo die Unterschiede nur gering sind, muß offenbar ein Lernprozeß, eine Prägung zu dem angeborenen Grundmuster hinzukommen, um später die feinere Unterscheidung zu leisten.

Diesen Lernprozeß kann man im Experiment sogar stören und dadurch seine Funktion kennenlernen. Solche Versuche hat vor allem Friedrich Schutz durchgeführt. Ließ er männliche Entenküken von einer „falschen“ Mutter aufziehen, das heißt von einer, die einer anderen Art angehört, so waren die Erpel später, wenn sie geschlechtsreif wurden, fehlgeprägt. Lebenslänglich neigten sie dazu, sich in Enten jener fremden Art zu „verlieben“ und sich mit ihnen zu verpaaren. Prägte er gar junge Erpel auf gleichgeschlechtliche Exemplare der eigenen Art, also auf den Vater, so war die daraus resultierende lebenslängliche Fehlhaltung noch erstaunlicher: „falsch programmiert“, wie sie nun einmal waren, warben sie später um Geschlechtsgenossen, ja, „verliebten“ sich schließlich in einen von ihnen und konnten, wenn sie auf einen Gleichgesinnten trafen, sogar jahrelange, eheähnliche Bindungen mit ihm eingehen. Es geht also von den Merkmalen, die ein junger Erpel erlernte und jetzt im Erwachsenenalter an einer Ente neu entdeckt und wiederfindet, eine unwiderstehliche Anziehungskraft aus, die bewirkt, daß er sich „verliebt“ und versucht, mit dem vorgeschriebenen Verhalten um sie zu werben. Es ist ein Sich-Verlieben auf den ersten Blick, so zwanghaft und so unausweichlich wie alles instinktive, tierische Verhalten.

Es ist hier nicht zu leugnen, daß sich Parallelen zum menschlichen Verhalten auftun. Aus der Psychoanalyse Erwachsener wissen wir, daß es so etwas gibt wie eine Fixierung an das Mutterbild bei Männern, an das Vaterbild bei Frauen, daß also Partner bevorzugt werden, unbewußt und instinktiv-zwanghaft bejaht werden, die an das geliebte Vor-Bild der Kindheit erinnern. Darin liegt freilich eine bedeutsame Steigerung des Entenverhaltens und damit ein Unterschied, den wir nicht übersehen dürfen: die Ente wird auf das andere Geschlecht der gleichen Art geprägt, der Mann, der seine Partnerin nach dem Vorbild seiner Mutter sucht, meint damit nicht schlechthin eine Menschenmutter, also eine Frau, sondern einen Typ, also eine ganz bestimmte Auswahl individueller Züge.

Andererseits gibt es bei vielen höheren Tierarten persönliche Beziehungen zu Partnern. Konrad Lorenz zeigte, daß auch in einer Gänsebevölkerung von mehreren hundert Tieren auf einem See jede einzelne Gans die andere kennt, und zwar mitsamt der Familienzugehörigkeit und der persönlichen Rangordnung innerhalb ihres Verbandes. Und auch das Küken kann bereits seine Mutter von anderen erwachsenen Muttertieren unterscheiden, ja, vermutlich auch seine Geschwister.

Helga Fischer entdeckte z. B. bei ihren Gänseversuchen in Seewiesen, daß es bei natürlich aufgewachsenen Jungtieren eine Art von Gegenprägung geben muß: fast nie kommt es nach der Geschlechtsreife zu Geschwisterverpaarungen. Geschwister unter Gänsen kennen sich also persönlich und können sich daher sexuell meiden.

Da hätten wir also eine Ähnlichkeit mit der Inzest-Scheu, die wir als psychologische Reaktion beim Menschen deutlich wiederfinden. Und auch die Fehlprägungen der Schutzschen Erpel sind uns als Modelle für menschliches Verhalten willkommen. Auffallend sind beim Menschen vor allem die Erfahrungen beim Ausfall solcher Prägungen. Wenn das Vor-Bild z. B. ganz fehlt, kann sich die spätere Partnerbindung als deutlich erschwert erweisen. Besonders bei Mädchen, die ohne Vater aufwachsen, ist das gelegentlich der Fall. Aber auch wenn beide Eltern vorhanden sind, kommt es vor, daß das gegengeschlechtliche Elternbild für die Prägung ausfällt: wenn der entsprechende Elternteil nämlich durch sein Verhalten die positiven Gefühlsbeziehungen des Kindes unterdrückte oder gar ins Negative umwandelte.

Es gibt dann sozusagen einen blinden Fleck an der Stelle, wo eigentlich das auslösende Vorbild eingeprägt werden sollte.

Später im Erwachsenenalter lehnt ein solches Mädchen Männer oft insgesamt ab, und ebenso ein junger Mann ganz allgemein Mädchen. Solche Menschen wenden sich besonders leicht gleichgeschlechtlichen Partnern zu oder vielleicht gar geschlechtslosen Ersatzobjekten. Das heißt, der Drang nach der anderen Hälfte, der für uns oft ein Ziel von unendlichem Wert zu sein scheint, läßt sich auch beim Menschen in einer bestimmten Phase seiner Kindheit verbiegen, verstellen, pervertieren. Und doch bleibt bei solchen Erwachsenen die Unruhe des Suchens erhalten, ja, sie kann suchtartigen Charakter annehmen und ihre Gedankenwelt weitgehend fesseln. Man könnte geradezu sagen: je weniger das Objekt der Anziehung echte Möglichkeiten der Ergänzung und damit echte Überwindung der Abgetrenntheit bietet, um so stärker tritt das hoffnunglose und gierige Suchen nach dem Ersatzobjekt, auf das ein solcher kranker Mensch fixiert ist, in den Mittelpunkt seines Trachtens und Strebens.

Auch das ist bei Tieren sehr gut bekannt. Suchtartiges Abreagieren an Ersatzobjekten tritt vor allem in Gefangenschaft auf, wo sich kein Geschlechtspartner findet. Viele Säugetiere erfinden in solcher Situation Praktiken der Selbstbefriedigung oder nehmen gleichgeschlechtliche oder gar artfremde Tiere als Partner an. Ja, selbst leblose Objekte in den Käfigen, Futterteller oder Zäune und Baumstämme werden in solcher Not zum Abreagieren des Dranges benutzt. Wer von uns zu Hause einen einsamen Wellensittich hält, der weiß wohl, daß er selbst längst zum Ersatzobjekt von dessen Sexualdrang geworden ist und daß die demütig geduckte und bettelnd-werbende Haltung an Kragen und Hals des Menschen eine eindeutige Aufforderung zur Kopulation ist, die süchtig und unermüdlich wiederholt wird in all ihrer Hoffnungslosigkeit.

Freilich müssen wir uns davor hüten, hier bei Menschen und Tieren vollständig gleichartige und in ihren Gefühlswerten vergleichbare Handlungsabläufe zu sehen. Was wir an diesen Ersatzhandlungen der Tiere beobachten, ist manchmal auch eine „umfunktionierte Geste“, also etwas, das gar nicht so gemeint ist, wie es uns zunächst erscheint. Das hat die Motivationsanalyse der Verhaltensforschung deutlich gezeigt. Wir müßten also beim balzenden Wellensittich berücksichtigen, daß seine so eindeutige Liebeshaltung zugleich auch als soziale Geste gemeint ist, mit der er ein Mitglied der Gemeinschaft begrüßt. Es sind solche Kopulationsaufforderungen – auch bei Hunden und Affen – oft nicht als „Heiratsantrag“ gemeint, sondern als Unterwerfungs- und Begrüßungsgesten. Wer das nicht weiß, wird das tierische Verhalten leicht völlig falsch deuten.

Aber auch dafür gibt es Parallelen in unserem eigenen Verhalten. Schon das Umarmen und Küssen von Personen, die nicht Geschlechtspartner sind, stellt eine solche ritualisierte Motiv-Verschiebung dar. Vor allem aber ist das Küssen selbst – wie das Streicheln und manche andere Zärtlichkeit – im Grunde ein umfunktionierter Rückgriff auf das Verhaltens-Inventar der Mutter-Kind-Beziehung.

Beim Menschen wie bei Tieren gibt es also in der Ausdruckssprache ihres Verhaltens gewisse Gesten und Rituale, die auf gänzlich andere Motiv-Bezirke übertragen werden können, die in den Dienst einer Absicht gestellt werden, zu der sie eigentlich gar nicht taugen und für die sie eigentlich gar nicht gemeint sind. Ersatzhandlungen sind also keineswegs immer Fehlhandlungen. Besonders bei den sexuellen Ersatzhandlungen scheint es eindeutig, daß Menschen wie Tiere in ihrem Verhalten ausgerichtet sind auf die Suche nach dem ergänzenden Partner. Die Erkennungsmerkmale dieses aufzufindenden Partners sind häufig nicht angeboren, sondern werden in der Kindheit erst an den Eltern erlernt, und dieses Suchen kann bei Mensch wie bei Tier dann krumme Wege gehen, wenn das natürliche Ergänzungsziel nicht erkannt oder nicht erreicht werden kann.

Das zu wissen ist sehr wichtig; denn wir lernen daraus, bei uns selbst zwischen den biologischen Mustern eines seelischen Grundbedürfnisses zu unterscheiden, von dem wir – wie die Tiere auch – nach unserer organischen Ergänzung drängend getrieben werden, und den individuellen, eigentlich menschlichen Bedürfnissen nach Freundschaft und Liebe.

Ein Mann kann, wenn er durch biologische Auslösermechanismen von einer Frau fasziniert und zu dem Gefühl einmalig großer Liebe geführt wird, biologisch absolut richtig handeln, wenn er diese Frau heiratet und mit ihr eine Schar gesunder Kinder zeugt – aber das Glück kann sich dennoch als kurz erweisen, weil er bei der Wahl seine differenzierteren, mehr als nur-biologischen Ergänzungsbedürfnisse nicht beachtet hat. Man sollte also mit der Liebe auf den ersten Blick vorsichtig sein, etwa nach dem Motto von Schiller: „Drum prüfe, wer sich ewig bindet, ob sich das Herz zum Herzen findet … der Wahn ist kurz, die Reu ist lang"; denn der Wahn, der den Menschen narrt, kann eben dieses biologische Rudiment seines Ergänzungswunsches sein. Die augenblickliche Liebesgewißheit solcher Menschen, sie hätten nun den richtigen, den idealen Partner gewonnen, kann also eine folgenschwere Täuschung sein, ein Schicksal, das sich auf einem biologischen Irrlicht gründet. Deren Irrtum besteht darin, daß sie sich mit der körperlichen und seelischen Befriedigung begnügen, die von der biologischen Verpaarung ausgeht, von der organischen, kreatürlichen Ergänzung, die aber doch eigentlich nur *ein* Bestandteil der Liebe ist und für sich allein niemals den Frieden totaler Erlösung aus dem Gefühl menschlicher Abgeschiedenheit bringen kann.

Dieser Irrtum ist ein allgemeines Kennzeichen unserer Zeit, in der Menschen so leichtfertig Sexualität mit Liebe gleichsetzen und nun eifrig dem Wahn nachjagen, dem Glück durch sexuelle Aufklärung den Weg zu bahnen und es durch Verfeinerung sexueller Techniken herbeizwingen und beliebig steigern zu können. Wo die Liebe mißverstanden wird als die Kunst, sich gegenseitig Lust zu bereiten, da wird vergessen, daß diese Lust, biologisch gesehen, nicht gar so königlich ist, sondern nur die Prämie für den dumpf-blinden Motor der Arterhaltung. Wir wissen, daß man sich diese Prämie auch erlisten kann, ohne den biologischen Preis zu zahlen. Aber gerade das muß uns doch diese Prämie der Lust, dort wo allein sie erstrebt wird, fragwürdig machen.

Deshalb kann der Gewinn von Lust immer nur einen Teil des wirklichen Liebens beim Menschen ausmachen. Das gilt für körperliche und seelische Befriedigung! Empfindet er aber – meist ohne es zu wissen – diesen biologischen Aspekt allein als erstrebenswert, so kann es sogar zu Störungen in der Liebesfähigkeit kommen. Solche Störungen können sich in unserer Zeit sogar zu einer ganz allgemeinen „Krise des Mannes" auswachsen. Die moderne „Angst vor der Mannrolle" kann sich zu neurotischer Impotenz steigern. Wir erleben heute zunehmend Geschlechtsbeziehungen zwischen Mann und Frau, bei denen Liebe Warencharakter annehmen kann. Der Sexualforscher K. Bednarik konstatiert: „Diese Veränderung und die praktischen Auswirkungen der perfektionierten konzeptionsverhindernden Mittel bringen den Mann in eine Lage, in der er, anders als früher, erotisch leicht überfordert werden kann; das aktive Sexualverhalten geht auf die Frau über. Der Sexualakt wird zur Konkurrenz, er gerät unter das Gebot des Orgasmuszwanges."

Eine solche Entwicklung müßte die Frauen eigentlich am meisten treffen und am heftigsten empören. Man degradiert sie – das soll hier einmal in aller Deutlichkeit gesagt werden –, wenn man sie in den Illustrierten-Lehrstücken über den Orgasmus zu Gewinnsüchtigen der Lust und ihre Ehemänner zu Lusterzeugern und handwerksgerechten Erregungskünstlern machen will. Lustgewinn allein als Ziel des Glücks schlechthin anzusehen, verabsolutiert einen Teilbereich des Liebens und führt – ähnlich wie der Opferaspekt zur Verschlingungsgefahr werden kann – in quälende und oft dunkel-leidvolle Sackgassen. Sie liegen zwangsläufig dort, wo Lust nicht der Weg ist, sondern das Ziel. „Alle Lust will Ewigkeit“, sagte Nietzsche und wies sie damit über sich selbst hinaus: Wiederholung als unzulänglicher Ersatz anstelle der Ewigkeit. Davon hat Robert Musil gesprochen:

> „Fürchterliche Gewalt der Wiederholung, fürchterliche Gottheit. Anziehung der Leere, die wie der Trichter eines Wirbels immer tiefer hineinzieht, dessen Wände ausweichen. Küsse mich, und ich beiße leicht und immer härter und wilder, immer trunkener, blutgieriger, auf den Schrei der Schonung lauschender in Deine Lippen, die Schlucht des Schmerzes hinabkletternd, bis wir zum Schluß in der senkrechten Wand hängen und uns vor uns selber fürchten... Tausendfältiges Entzücken aneinander und Staunen wirbelt in der Verzückung. Auf wenige Minuten konzentrierter Flug durch Seligkeit und Tod, endend, erneut, die Körper schwingen wie heulende Glocken. Aber am Schluß weiß man doch: es war nur tiefer Sündenfall in eine Welt, in der es auf hundert Stufen der Wiederholung schwebend abwärts geht.“

Solche Vergeblichkeit kann schließlich heftige agressive Kräfte entfesseln und eigene Lust im Schmerz des anderen suchen, also zur völligen Perversion der Liebe führen. So lauert im hintersten, dunkelsten Winkel der Sackgasse der Sadismus, um den ewig ungestillten Durst einer anders nicht mehr zu steigernden Sucht nach Lust zu stillen. Das hat Ludwig Marcuse deutlich erkannt:

> „Sades Gigantomachien des Sexus sind nicht abzutun als Halluzinationen eines kranken Gehirns. Hier wird nicht verlockt, sondern Grausiges entdeckt ... die Übermächtigung, die Grausamkeit, die Ambivalenz von Henker und Opfer. Sade entdeckte die Verlorenheit des immer isolierten Leibes und zeigte sein Inseldasein gerade dort, wo er zweisam wird. Gerade in den Umarmungen offenbart sich, daß es nicht möglich ist, zueinander zu kommen. Die Orgie wird zum Superlativ der Leere rundum.“

Die Überschätzung und Verabsolutierung der Lust kann sehr rasch in einen qualvollen Überdruß, in eine Übersättigung und damit zum Tod der Liebe führen, zu Geschlechtskälte oder sogar zu offener Grausamkeit. Andererseits wird jede Form von Zwang, von übersteigerter Kontrolle, jede bemühte Beachtung vorgeschriebener Verhaltensweisen die Gefahr von Potenzstörungen herbeiführen. Haben unsere berufsmäßigen Massenaufklärer und Apostel der frei ausgelebten Sexualität, deren leichtverkäufliche Ware heute das billigste und verlockendste aller Genußmittel geworden ist, solche Gefahren wohl bedacht? Sie meinen zwar, daß gerade sie es sind, die Verklemmten Hilfe und Erleichterung bringen, aber es ist einfach ein Ammenmärchen, daß man mangelnde Liebesfähigkeit durch gesteigerte Sexualität kurieren könnte. Wer den Sex verklärt, entzaubert also die Liebe.

Aber damit ist denen nicht geholfen, die diesen Zauber suchen und den Zugang zu seinem Bannkreis nicht finden können. Im Gegenteil: Solchen Menschen kann man nur helfen, wenn man bei ihnen jene Blockaden öffnet, die ihnen den seelischen Zugang zu anderen Menschen versperren. Wir müssen einfach hinaus über die ersten und noch sehr vordergründigen Aussagen der Psychoanalyse Freuds, nach denen Liebe eine gesteigerte Form, sozusagen eine kultivierte Variante der Sexualität ist. In diesem Sinne sagt der Psychoanalytiker Erich Fromm mit Recht:

> „Liebe ist nicht das Ergebnis der sexuellen Befriedigung, sondern sexuelles Glück ... das Resultat der Liebe. Wenn diese These, abgesehen von alltäglichen Beobachtungen noch bewiesen werden müßte, könnte man diesen Beweis in dem umfassenden Material psychoanalytischer Angaben finden. Das Studium der häufigsten sexuellen Probleme – Frigidität bei Frauen, mehr oder weniger ernste Formen psychischer Impotenz bei Männern – zeigt, daß der Grund nicht in der mangelnden Kenntnis der richtigen Technik, sondern in den Hemmungen liegt, die es unmöglich machen zu lieben. Angst vor dem anderen Geschlecht, Haß auf das andere Geschlecht, sind der Boden dieser Schwierigkeiten, die einen Menschen daran hindern, sich selbst völlig hinzugeben, spontan zu handeln und dem Geschlechtspartner in der Direktheit und Unmittelbarkeit physischer Nähe zu vertrauen. Wenn ein sexuell gehemmter Mensch sich

von seiner Angst oder von seinem Haß frei machen kann und damit fähig wird zu lieben, sind seine sexuellen Probleme gelöst; wenn nicht, kann ihm auch eine umfassende Kenntnis der sexuellen Technik nicht helfen."

So faßt also auch der Psychoanalytiker Fromm den Begriff des Liebens beim Menschen weiter und geht über die rein biologische Ergänzung hinaus. Man darf also sagen: Das körperliche Zueinanderpassen der Partner, ihr Trieb nach sexueller Paarung, ist nur ein Modell für einen Ergänzungsdrang, der eigentlich mehr meint als nur den Körper des anderen. Die Sehnsucht nach Ergänzung gibt es über die biologische Bedürftigkeit des Menschen hinaus auch im seelischen Bereich. Das geht oft so weit, daß die größte Anziehungskraft eines Partners für den anderen nicht von seiner Gestalt ausgeht, sondern von seinen gegensätzlichen Charakterzügen. Deshalb behauptet der Volksmund zurecht: „Gegensätze ziehen sich an".

Unbewußt empfinden wir also die Vereinigung mit unserem Gegensatz als einen Gewinn, als eine Ergänzung zur Vollkommenheit, nach der wir suchen. Und dieses Streben kann sich sogar vom sexuellen Ergänzungswunsch trennen; denn es findet seinen Partner oft unabhängig vom Geschlecht. In Mythen und Dramen treten solche gegensätzliche Naturen zum Beispiel oft im Figurenpaar des Herrn und Dieners auf: Tamino und Papageno in der Zauberflöte, Proeza und die schwarze Jo-Barbara in Claudels „Seidenem Schuh", Don Quichote und Sancho Pansa, Faust und Mephisto, Max und Kaspar im Freischütz, Minna und ihre Zofe Franziska bei Lessing. Indem er solche gegensätzlichen Rollen schafft, findet der Dichter den Ausdruck seiner eigenen Gegensätze. Und wie auf der Bühne sind wir auch im Alltag von solchen Paaren umgeben. Es fällt doch auf, wie viele Freunde – und noch mehr die jungen Mädchen, wo sie als Freundinnen auftreten – solche Gegensatzpaare sind.

Von den Eheleuten gilt das manchmal so auffällig, daß der Wiener Philosoph Weininger vor einem halben Jahrhundert meinte: die Gesamtlänge der Haare aller Ehepaare sei gleich! Kurzhaarige, starke Männer heiraten zarte, langhaarige Mädchen – buschikose Mädchen mit Bubikopf suchen den weichen Mann mit der langen Künstlermähne. Und daran ist sicher etwas Wahres.

Denken und Fühlen, Spüren und Handeln, Zurückhalten und Ausströmen, Arbeiten und Genießen sind solche Gegensatzpaare menschlicher Charakteranlagen, die gerade in ihrer Vereinigung eine Ganzheit und damit ein Optimum an Verwirklichungsmöglichkeit bieten. Einen Partner zu finden, bei dem gerade die eigenen nur schwach ausgebildeten Seiten des Wesens stark ausgeprägt sind, ist ein tief im menschlichen Liebesstreben verwurzelter Wunsch. Wegen der grundsätzlichen Wesensunterschiede zwischen Mann und Frau bedeutet das, daß letztlich auch die geschlechtliche Anziehung immer zugleich auch mehr ist als sexuelle Anziehung, nämlich der Wunsch nach der Vereinigung sich ergänzender Fähigkeiten und Wesenszüge.

Solche wechselseitige Ergänzung außerhalb des rein Sexuellen, also im Bereich des gesamten Verhaltens, kennen die Biologen als sogenannte Symbiosen. Da gibt es merkwürdige Partnerschaften zwischen zwei Lebewesen, die sonst wenig miteinander zu tun haben. Die See-Anemone und der Einsiedlerkrebs, der Fisch und die Seegurke und viele andere ungleiche Paare ergänzen sich und steigern sich so zu einer Gesamtheit, die mehr ist als die Summe ihrer Teile, in der Schutz und Nahrung, die einer dem anderen bietet, beide unabhängiger macht von der Umwelt. In den gemischten Tierherden der afrikanischen Steppen ergänzt sich das scharfe Auge einer Art, die empfindliche Nase der anderen und das wache Ohr einer dritten zu einer Gemeinschaft von erhöhter Wachsamkeit, die allen zugute kommt und jeden Partner besser schützt, als er es allein vermocht hätte.

Aber das schönste Beispiel bieten wohl die Huias – die heute ausgestorbenen Lappenhopfe aus Neuseeland, von denen man nur noch die Schädel gelegentlich als Schmuck an der Halskette von Maori-Häuptlingen findet. Als einzige Vogelart der Welt hatten beide Geschlechter ganz unterschiedliche Schnäbel: beim Männchen war er kurz, gerade und kräftig, beim Weibchen lang und gekrümmt wie eine Greifpinzette. Wenn sich ein Paar dieser Vögel gefunden hatte, konnten sie ihre Schnäbel zu kombinierter Futtersuche verwenden, das Männchen hackte die Stämme aus, und das Weibchen griff in die Bohrlöcher, um die Maden und Würmer herauszuholen. Für die eigene Ernährung hätte jeder Vogel auch allein genug Futter gefunden; aber für die Aufzucht der Jungen konnten sie nur in vereintem Bemühen die vielfach größere Menge Nahrung heranschaffen.

Das erinnert durchaus an die symbiotischen Züge, die auch in der ehelichen Gemeinschaft des Menschen auftreten, wo es um die Ernährung und den Schutz der Kinder geht. Hier ist es zwar nicht so sehr eine verschiedene Körpergestalt, sondern vor allem die unterschiedliche Wesensart, die zur Arbeitsteilung führt, in der dann die Familie als Ganzes gedeiht.

Allerdings greift diese Arbeitsteilung der unterschiedlichen elterlichen Rollen weit über die Kinder hinaus, ja, sie wendet sich zuerst und in gerader Linie an den Partner selbst. Ob die Frau bereits Kinder hat oder nicht: der seelisch gesunde Mann ist bestrebt, vor allem seine Frau zu schützen, zu entlasten und finanziell zu versorgen, und das stellt für sie einen Gewinn dar, der sogar bei ihrer Partnerwahl entscheidend sein kann. Aber auch er kann daraus einen direkten Gewinn ziehen; denn die mütterlichen Fürsorgewünsche seiner Frau werden sich vor allem und zunächst auf ihn selbst richten. Die Bemühung der liebenden Frau schenkt dem Mann Geborgenheit und auch Freiheit für die Arbeit. Zwar ist dies ein Spießer-Idyll; aber wir können doch nicht leugnen, daß solche gewinnbringende

Symbiose zwischen Mann und Frau ein sehr biologischer Aspekt des Liebens ist und damit die Basis einer harmonischen Partnerschaft sein kann.

Wir müssen diesen Aspekt der Liebe nur mit spezifisch menschlichen Formen des Verhaltens verfeinern und damit die Erdenschwere symbiotischer Beziehungen abschwächen. Einen negativen Stellenwert bekommt eine solche Beziehung erst dann, wenn sie ohne Gleichgewicht ist. Es gibt heute zum Beispiel immer noch Ehemänner, die aus dieser natürlichen Symbiose der Geschlechter eine Herr-Sklave-Tragödie machen. Männer, die alles fordern wollen, was ihnen doch gerne freiwillig gegeben würde, und die nie von dem Gedanken berührt werden, daß ein Sklave kein Partner sein kann – genauso, wie es die umgekehrte Sklaverei gibt, bei der Frauen mit aller Schlangenlist die körperliche und seelische Hörigkeit ihres Mannes zu ihren eigenen Zwecken ausnützen, die verweigern, was sie doch geben könnten, und sich nehmen wollen, was ihnen geschenkt werden sollte.

In solchen Fällen spricht die Tiefenpsychologie vom Verschlingungsaspekt des Weiblichen, von dem wir schon sprachen als vom Übergang der opfernden zu der alles fordernden Großen Mutter. Bei einer so einseitig symbiotischen, also eigentlich parasitischen Beziehung taucht der Mythos der Nixe auf, die den Mann in ihren kalten Sog zieht. Rudolf Borchardt läßt in einem Gedicht die Frau folgende Worte sprechen:

„Gleich einem Meerjuwele
fischtest du mich zu dir,
und ich gewann
dich frischen Brand
in meinen kalten Bann.“

Aber sowohl im Gleichgewicht der Partner als auch im gegenseitigen Parasitismus wird ein symbiotischer Bezug immer unzureichend und menschenunwürdig sein, wenn er auf die *einzige* Form des Liebens darstellt. Liebe muß mehr sein als wechselseitige Gemüts- und Sexualversorgung; denn solche Versorgung ist nur ein Handel, bei dem der Gewinn – auf dem Umweg über den anderen – letztlich doch von jedem für sich selbst gesucht wird.

Das wird besonders deutlich in pervertierten Partnerschaften, wo das Herr-Sklave-Verhältnis ganz ins Sexuelle verlegt ist. Sadismus des einen Partners und selbstquälerischer Masochismus des anderen tragen sich hier gegenseitig und können sogar ein symbiotisches Gleichgewicht herstellen, das in seiner schicksalshaft verstrickten Qual zu dauernder Unzertrennbarkeit führt. Doch bleiben solche Beziehungen fragwürdig, weil das Gewinnstreben nach eigener Lust der dominierende Antrieb ist und weil sich Inverses nicht echt ergänzen, sondern nur die spiegelbildlich verzerrte Hohlform des Ganzen annehmen kann. Von den körperlichen und seelischen Aspekten des Verhaltens ausgehend lassen sich also Bedingungen finden, die einen echten und zugleich biologischen Gewinn des Liebens für den Menschen enthalten: die Ergänzung, die wirklich den anderen meint und in ihm zum Ganzen gelangen will.

Die komplexe Psychologie lehrt uns nun freilich, daß auch diese Form des Liebens – nämlich die Ergänzung in einem anderen Menschen zu suchen – nicht der Weisheit letzter Schluß ist. Viele Menschen, die sich in jungen Jahren unter der Faszination eines großes Liebeserlebnisses mit ihrem Gegensatztypus verbunden haben, werden nach mehr oder weniger kurzer Zeit von neuer Unruhe, von neuem Suchen gepeinigt. In den Träumen der Männer taucht in solcher Situation häufig wie ein Gaukelbild immer wieder ein schönes, fast himmlisch-edles unbekanntes Mädchen auf – in den Träumen der Frauen der wunderbare Mann, heldenhaft und geistig hochstehend, ein Künstler, ein Halbgott.

An diesem Punkt der Entwicklung entstehen viele Ehekrisen; denn der Mann wird jetzt versuchen, seine Frau nach dem Bild, das in ihm lebt, umzuformen – oder aber er wird neu auf die Suche gehen nach einem realen Abbild seines Traumes, nach der wirklichen und richtigen Hälfte zu seiner Ergänzung, die ihn nicht enttäuschen möge. Dann kann das unruhige Suchen und das dumpfe Verharren im stets gleichen Irrtum erneut beginnen.

Bernhard Rensch hat für den Menschen nachgewiesen – übrigens durch Übertragung der Attrappentechnik der vergleichenden Verhaltenskunde – daß es ein angeborenes Männchen- und Weibchen-Schema gibt. Danach ist der Frauentyp zwar für jede Zeit etwas verschieden, sonst aber innerhalb einer Generation erstaunlich gleichmäßig gestaltet. Die von Millionen Männern bewunderten Filmstars stellen ihn ebenso deutlich dar, wie umgekehrt der Männchen-Typ sich in den Künstlern und Schauspielern personifiziert, für die sich die Frauen in rasende Fans und Verehrerinnen verwandeln. Die Biologen sehen darin letztlich das angeborene Regulativ, um das „Zuchtziel" der Art, eine der sogenannten Wildform des Menschen möglichst ähnliche Gestalt durch Zuchtwahl zu erhalten.

Jeder Mann trägt also gewissermaßen in sich das Bild einer Helena, jede Frau das eines Paris. C. G. Jung nennt diese Bilder Anima und Animus. Sie sind echte Teile der eigenen Seele – wenn wir sie aber nach außen projizieren, können sie uns scheinbar personifiziert in einem anderen Menschen begegnen.

Jeder Mensch hat in seiner Seelenstruktur eine schwächer entwickelte Seite, die hinter den anderen, bei ihm dominierenden Wesenszügen zurücktritt, aber doch da ist, ruhend, schlafend oder – wie es im Bild der Märchen so tausendfach auftritt: verzaubert. Einfacher gesagt: Jeder Mann ist gerade so weit Mann, wie er Weibliches in sich selbst zurückdrängt. Das gilt zunächst einmal ganz allgemein für alle Männer, aber doch ist jeder von ihnen ein anderer, ist auf eine andere, auf *seine* einmalige, unverwechselbare Weise Mann. So wird auch das in ihm zurückgehaltene Weibliche, also sozusagen die Hohlform dessen, was zusammen mit seinen dominanten, männlichen Zügen erst die ganze menschliche Seele in ihm ausmacht, eine ganz bestimmte Form haben müssen. Daß er auch diese verhüllte Seite seiner selbst bejaht, ist ganz richtig, nur müßte eben diese Bejahung direkt geschehen und nicht auf dem Umweg über die Begegnung mit einem Partner, in den hinein diese Anima verlegt wird.

Faszinationen dieser Art sind also letztlich ein Mißverständnis, eben weil sie nicht den anderen Menschen aus Fleisch und Blut meinen, sondern das eigene Seelenbild. So wie Faust, von dem Zaubergetränk der Hexenküche befeuert, die schöne Helena aus dem Schattenreich beschwört und in ohnmächtiger Fesselung an einen Wahn den Blick für die Wirklichkeit verliert...

> „Hab ich noch Augen? Zeigt sich tief im Sinn
> der Schönheit Quelle reichlichstens ergossen?
> Mein Schreckensgang bringt seligsten Gewinn,
> wie war die Welt mir nichtig unverschlossen...
> Die Wohlgestalt, die mich voreinst entzückte,
> in Zauberspiegelung beglückte,
> war nur ein Schaumbild solcher Schöne!
> Du bist's, der ich die Regung aller Kraft,
> den Inbegriff der Leidenschaft,
> Dir Neigung, Lieb, Anbetung, Wahnsinn zolle."

Goethe besingt hier also eine Anima-Projektion, und daß er den seelischen Prozeß, der dahintersteht, in diesem Sinne meint, führt er uns ja auch als die unausweichliche Katastrophe vor, zu der Mephisto den psychoanalytischen Kommentar liefert:

> „Hier lieg, Unseliger! Verführt
> zu schwergelöstem Liebesbande!
> Wen *Helena* paralysiert,
> der kommt so leicht nicht zu Verstande."

Die Projektion von Anima oder Animus auf eine Person aus Fleisch und Blut ist also gefährlich, weil sie unrealistisch ist. Sie muß außerdem letztlich schmerzlich werden auch für das „Opfer“ einer solchen Übertragung, weil sie den *so* Liebenden blind machen muß für den wirklichen Menschen, der ihm gegenübersteht und der doch als er selbst geliebt sein möchte.

Wer die Vollendung seines inneren Seelenbildes in der Außenwelt sucht, lebt in einer Illusion, die für ihn wie für seinen Partner tragisch sein kann und beide nicht zu dem gesuchten Frieden der echten Ergänzung führt. Analytiker der Jung-Schule suchen daher dort, wo in Träumen immer wieder Anima- oder Animus-Gestalten auftreten, die Eigenschaften dieser Gestalten mehr und mehr zu erfassen; denn in dem Maße, wie der Patient diese Eigenschaften in seinem eigenen Wesen zu realisieren und in seinen Charakter zu integrieren vermag, beruhigt sich sein suchtartiges Suchen. Er taumelt dann nicht mehr von Rausch zu Rausch, von Enttäuschung zu Enttäuschung, sondern lernt es, seine innere Ergänzung und Abrundung dort zu gewinnen, wo allein sie sich in einem reifen Menschen vollziehen kann: in seiner eigenen, zur Wandlung bereiten Person.

So enthüllt sich diese Art des Liebesstrebens im Grunde als der Wunsch nach eigener Vervollkommnung, als ein Gewinnen einer personalen Bereicherung und damit als eine Form der Selbstliebe.

Sich selbst zu lieben, das halten die Tiefenpsychologen allerdings für eine notwendige Voraussetzung zu jedem echten und freien zwischenmenschlichen Bezug. Solange der Mensch nur Ruhe finden kann im Bewundern, im Anbeten einer anderen Person, solange er davon abhängig ist, im Zuge illusionären Liebens überhöht zu werden, kann er Partner im eigentlichen Sinne noch gar nicht sein. Erst wenn er selbst gearbeitet hat an der Gestaltung der eigenen Person, kann er aus der Wandlung und Abrundung seiner selbst heraus tragfähig werden für andere Menschen und damit höhere Formen des Liebens erreichen.

Deshalb sind manche Sehnsüchte unserer Kindheit und die Liebesabenteuer unserer jugendlichen Sturm- und Drangjahre Irrtümer, sie sind Vorformen und *fruchtbare* Irrwege zu höheren Daseinsweisen des Liebens. Anbeten und Bewundern kommt der Stärkung des eigenen Selbstwertgefühls zugute und trägt damit zur Festigung der Person bei, ebenso wie auch das Bewundertwerden ansporn, dem Bild, das sich der Liebende macht, nachzustreben. So hat es Rückert in einem Gedicht ausgedrückt:

„Daß Du mich liebst, macht mich mir wert,
Dein Blick hat mich vor mir verklärt,
Du hebst mich liebend über mich,
mein guter Geist, mein bessres Ich."

So sind also auch Irrtum und die unreife Form des Liebens irgendwo richtig und berechtigt, und fragwürdig wäre bloß das starre, zur Wandlung unfähige Festhalten an den vordergründigen Scheinzielen. Und wie überall, so sind auch hier Irrtümer dazu da, daß wir wacher werden und daraus lernen. Auch in bezug auf die Entwicklung des Liebens kommt es darauf an, daß wir uns als lernfähig erweisen und uns neue Wege öffnen.

Dabei müssen wir wohl vor allem dem zu entfliehen suchen, was in uns als dumpftriebhaftes Verhaltensinventar wirkt, sich unserer Kontrolle entzieht, uns treibt, ausliefert und in starren Teufelskreisen handeln läßt, aber nicht im Sinne der Ausschaltung oder Verdrängung dieser Kräfte, sondern im Sinne einer Verwendung, einer Integration. Wissen wir zum Beispiel um die Gefahr, daß die Liebe auf den ersten Blick eine Narretei, eine uns von unserer Biologie diktierte Sinnestäuschung sein kann, so können wir die Siegesgewißheit dieses Gefühls gern auskosten, besiegeln sie aber nicht stehenden Fußes mit Standesamt und Traualtar.

In vielen Fällen kommt dieser Ratschlag allerdings zu spät. Viele Ehen sind aufgrund einer solchen Faszination entstanden. Wenn der Psychologe das Geflecht von Anziehung und Drang, Liebe und Schicksal, das zu einer Ehe führt, in seiner Analyse zerlegt hat in Mutterbindung und Gegensatz-Partner, in Animaprojektion oder vielleicht in eine Mischung von allen diesen Sehnsüchten und mancher anderen dazu, kann er in die Gefahr geraten zu urteilen, daß diese Ehen Irrtümer sind. Aber das wäre eine verhängnisvolle Anmaßung.

Zwischen dem, was zur Ehe führt, und dem, was einer – oder besser gesagt: beide Partner – dann aus ihrer Ehe machen, besteht ein gewaltiger Unterschied. Der mögliche Irrtum bezieht sich auf die scheinbar freie Findung des Partners, die doch festen biologischen Gesetzen gefolgt ist. Nur bei dem, der glaubt, mit dem Finden des Partners, mit der Liebe, die zu ihm führte, sei auch die Ehe selbst problemlos gesichert und garantiert, würde sich die Tragödie eines dauernden Irrtums manifestieren.

Es gibt beim Menschen schließlich eine Wandlungsfähigkeit, die Notwendigkeit zur Wandlung aneinander und aufeinander zu. Sie führt uns nun in die ganz menschlichen und nicht mehr nur biologischen Bereiche des Liebens. Da endet unser Vergleich mit der Schloß-Schlüssel-Passung. Und doch ist es ein taugliches Modell, um noch einmal klarzumachen, worum es geht: Bei den Tieren ist das Ineinanderpassen von Schloß und Schlüssel – körperlich und verhaltensmäßig – tatsächlich das eigentliche Ereignis der ehelichen Partnerschaft. Wenn der Schlüssel in dem ihm bestimmen Schloß schließt, vollzieht sich die Biologie der Art.

Bei uns aber ist das Aufschließen des Schlosses mit dem passenden Schlüssel, das körperliche *und* seelische Zusammenpassen, nur das, was eigentlich in diesem Bilde liegt: das Öffnen einer Tür, die in einen Raum führt, in dem man nun wohnen und sich miteinander einrichten will. Und wo ein solcher Raum wirklich existiert, wird es unwichtig, auf welchen Bahnen des biologischen und psychologischen Antriebes die Partner zueinanderfanden und die Tür öffneten. Nur dort, wo dieser eheliche Lebensraum zu eng ist oder wo er ganz fehlt und die Tür ins Leere geht, wird der Psychologe in der Analyse den Weg aufzudecken haben, der zur Partnerbindung führte und der sich *dann* eben als ein verhängnisvoller Irrtum erweisen kann.

Schließlich gibt es auch Ehen, bei denen keines der erwähnten Modelle der Partnerschaftsfindung zutrifft. Es gibt das gemeinsame Interesse für eine Aufgabe in kameradschaftlicher Freundschaftsbindung, in gewachsener und gewohnter Vertrautheit, die Ansätze zum Lieben sind und zur Ehe führen können. Und diese Ehen sind gewiß nicht besser, weil an ihrem Beginn eine biologische Faszination fehlte. Aber sie brauchen auch nicht schlechter zu sein, wenn eine echte, partnerschaftliche Liebe sich in ihnen entwickelt und ausbreitet. Wo dieses reife, den anderen annehmende und tragende Lieben das Ziel ist, da werden die Wege, auf denen es erreicht wurde, unwichtig.

Wir müssen uns also innerhalb unserer Lebensentwicklung unserer eigenen Irrtümer bewußt werden und uns dabei zunehmend aus der Macht der Instinkte lösen. Nicht indem wir sie verleugnen, sondern indem wir zum Herren werden, dem sie dienen. Daß das so schwer ist, zeigt, daß von diesen Instinkten beim Menschen eben doch noch sehr viel mehr und Stärkeres vorhanden ist, als es Konrad Lorenz und Arnold Gehlen ihm zubilligen wollen.

Besonders an unserem Lebensanfang ist das so. Die Kinderpsychologie läßt uns zu dem Ergebnis kommen, daß das Triebgeschehen in den ersten Lebensjahren außerordentlich stark ist. Was in dieser Zeit für das spätere Leben gebahnt und geprägt wird, das drückt unserem Lieben auch als Erwachsene noch deutlich seinen Stempel auf, wenn wir nicht selbst, eben in unserem Reifwerden, eine Art von Instinktreduktion an uns praktizieren. Instinktreduktion ist freilich keineswegs eine Sache von Disziplinierung allein. Unserem Geschlechtstrieb z. B. tritt bereits in früher Kindheit als Gegenpart das Schamgefühl entgegen. Und zwar gibt es dieses Schamgefühl ganz regelhaft schon bei Kindern in der Phase der Bewußtwerdung des Ichs, also etwa in der Sechsjährigkeit, und damit zeitlich sogar weit vor dem Bewußtwerden sexueller Triebe. Der Funktion des Schamgefühls als ein früh einsetzendes Regulativ von Antriebshandlungen soll im folgenden ein wenig ausführlicher nachgegangen werden; denn dieses Gefüge gehört zu einer besonders sinnreichen, spezifisch menschlichen Vorform des Liebens.

Es ist eindrucksvoll zu beobachten, wie dieses Bedürfnis der Kinder, ihre Geschlechtsteile zu verbergen, ungebremste Vorzeigefreude hemmt. Es ist ein normaler Zug der Entwicklung und nicht etwa die Folge einer falschen, prüden Erziehung. Eine erstaunliche Tatsache: der aus dem Paradies der ersten Kindheit herauswachsende junge Mensch beginnt sich zu schämen, beginnt zu erkennen, daß er nackend ist, wie das die biblische Geschichte vom Sündenfall schildert. Und genau wie dort ist dies in der alltäglichen Realität ein Ereignis, das allein den Menschen und nicht die Tiere betrifft.

Von sexuellem Schamgefühl kann man bei tierischem Verhalten nicht sprechen, und zwar einfach deshalb, weil der Ausdruck Scham dort nicht angebracht wäre. Wohl gibt es bei Tieren so etwas wie „Verlegenheit" – Konrad Lorenz nennt das Resultat eines Fehlverhaltens bei Gantern einmal ausdrücklich so –, und es gibt – Inbegriff des „schlechten Gewissens" – den winselnden Hund, der sich zu schämen scheint, der aber doch nur die Demutsgebärde übt, die in seinem Verhaltensinventar bereitliegt, um einen Stärkeren, der herausgefordert wurde, zu beschwichtigen.

Scham, wenn wir sie sauber trennen von Angst, Verlegenheit und ähnlichen Regungen, ist nur möglich, wo Unvollkommenheit peinlich erlebt wird als Schuld. Woher aber sollte bei Kindern, unbeeinflußt von den Tabus der Erwachsenen, im Bereich der biologischen Triebe und Instinkte der Eindruck kommen, daß die Sexualität etwas Unvollkommenes, Störendes oder gar Schuld- und Sündhaftes sei? Das Bild des biblischen Sündenfalls kann uns da wohl eher weiterhelfen als die vergleichende Verhaltenskunde.

Dennoch ist es wahrscheinlich, daß auch im spezifisch menschlichen Schamgefühl biologische Antriebswurzeln enthalten sind. Scham ist eine Art sexuelle Kontaktscheu, so kann man es psychologisch ausdrücken. Solche Scheu vermeidet vorschnelle Bindungen, was ja bei der notwendigen Dauerhaftigkeit menschlicher Partnerschaften sehr wichtig ist. Sie erhöht die Schwelle und staut sozusagen den Fluß der Sexualität an, wobei sich die seelischen Kräfte sammeln können zu dem entscheidenden Ereignis. Ein Mensch ohne Schamgefühl ist daher ein seelischer Krüppel, dessen sexuelle Antriebe aus geringem Anlaß verströmen und schließlich nicht mehr taugen zur schicksalshaften Vertiefung des Erlebnisses der Bindung. Wenn die moderne Sexualaufklärung neben der Anlieferung von Informationen so beharrlich das Ziel verfolgt, den Abbau des Schamgefühls zu betreiben, so macht sie letztlich zur Liebe untauglich, weil sie entzaubert und entwertet. Wo Lust billig zu haben ist, wird echte Liebe unerschwinglich.

Man *muß* wissen – und die jungen Leute, die man aufklären will, haben ein Recht darauf, es vor allem anderen zu erfahren –, daß dieses Schamgefühl eine Vorgabe ist oder besser noch: das Wissen um eine Vorgabe. Sie gilt es nicht abzubauen und zu entwerten, sondern zu bewahren, um sie einem geliebten Partner als kostbares Geschenk anzuvertrauen. Je wertvoller und einmaliger ein solches Geschenk ist, um so größer wird der Bestand eines Paares an Gemeinsamkeit, an intimem, nur ihm gehörigem Besitz in dem Raum ihrer Partnerschaft. So sagt es Storm einmal in einem Gedicht:

> „Die holde Scham ist nur empfangen,
> daß sie in Liebe sterben soll.“

Im Geschlechtstrieb und im Schamgefühl haben wir zwei Antriebe vor uns, die sich in ihrer Wirksamkeit ergänzen. Sind wir ihnen unterworfen, so läßt der eine uns nicht zu uns selbst finden, der andere nicht aus uns heraus. Wenn wir aber beide als dienende Kräfte in unser Leben integrieren, so werden sie uns zu einer Partnerschaft führen, die im anderen nicht die biologische Ergänzung schlechthin, sondern den schicksalhaft einen, den ganz bestimmten Menschen meinen kann. Überwindung dumpfer Sexualität trennt uns zunächst von anderen, richtet die Mauer auf zwischen den Geschlechtern und schafft den Freiheitsraum des einzelnen; Überwindung des Schamgefühls wird dann zum Weg, um sich in dieser Freiheit mit einem, und nur mit diesem einen anderen frei zu begegnen.

Wenn das geschieht, ist die Welt für ein solches Paar in Ordnung, und das Glück wird greifbar. Für sie ist Lieben dann mehr als nur ein Gewinn, es ist in solchem Finden und in solcher Bindung das tiefste zwischenmenschliche Erlebnis, das unser Leben zu bieten hat. Und wenn es sich auch tausendfach in anderen Menschen wiederholt: ein solches Paar wird in seinem Glück zum Mittelpunkt der Welt, und hier kann sich in zwei Herzen der Friede, die Gewißheit und der Glanz ausbreiten, von dem der cherubinische Wandersmann gesungen hat:

> „Nichts ist als Ich und Du,
> und wenn wir zwei nicht sein,
> dann ist Gott nicht mehr Gott
> und stürzt der Himmel ein.“

Dieses Gedicht führt uns an eine Grenze. Es zeigt in seinem Jubel auch, daß solches Lieben nicht allein darin bestehen kann, sondern droht, sich herzsprengend zu überschlagen. Zwar kann in solcher Liebe der Weg bis an sein Ziel gegangen werden, aber es gibt darüber hinaus andere, fernere Ziele des Liebens. Zu ihnen wird das nächste Kapitel führen.

Lieben als Haltung

Nachdenken über das Lieben – seine Grundformen und seine Entwicklungsweisen – hat auf einen weiten Weg geführt. Die opfernde Mutter und ihre bedingungslose Hingabe an das Kind standen am Anfang. Es ließ sich erkennen, wie in dieser Liebesgemeinschaft beim Kind die Fähigkeit wächst, später als Erwachsener selbst opferbereit lieben zu können, und auch, daß die Tiermutter wie die Menschenmutter diesen Lernprozeß unterstützt, indem sie der ersten Phase der Hinneigung eine zweite der oft schmerzlicheren Ablösung folgen läßt. Wo diese Ablösung versäumt wurde, kann sich die opfernde Liebe letztlich in eine parasitische, verschlingende Liebe verwandeln, die nur sich selbst meint, auch wenn sie scheinbar nur den anderen sucht.

Damit wird neben dem Opferaspekt ein anderer deutlich: Lieben als Gewinn. Wie dieses nach Gewinn strebende Drängen, das stets ein Bestandteil der Liebe ist, sich im Grunde auf *Ergänzung* richtet, das wurde klar bei der Betrachtung der tierischen Geschlechtersuche und erst recht bei den Irrwegen und Vorformen der menschlichen Sehnsucht nach dem Partner. Körperlich und seelisch wird der tiefe Drang gespürt, im anderen die Ergänzung des eigenen Ichs zur harmonischen Vollständigkeit eines Ganzen zu finden.

Doch auch wenn wir von allen Irrwegen absehen, selbst wenn die partnerschaftliche Liebe dem anderen wirklich um seiner selbst willen und nicht als Mittel zur Abrundung eigener Unvollständigkeit dient – selbst wenn die Liebe zum vollkommenen Glück zweier Menschen führt, so daß sie sich „selig vor der Welt verschließen“, so ist sie in dieser Form doch nicht eigentlich am Ziel und an ihrer letzten Bestimmung! Weder das wechselseitige Opfer des eigenen Ichs noch der wechselseitige Gewinn des anderen können der letzte Sinn sein, selbst wenn es einem liebenden Paar in einem seligen Moment so erscheinen mag.

Wäre es so, dann gäbe es wirklich und endgültig für ein solches glücklich liebendes Paar in dem ganzen Gefühlssturm seines Besitzes und seiner Besessenheit nur eine konsequente Haltung: die des gemeinsamen Liebestodes. Die Ausschließlichkeit und Verabsolutierung ihrer leidenschaftlichen Gegenwärtigkeit beraubt sie aller Zukünftigkeit. Den zerstörerischen Aspekt in der ekstatisch-ausschließlichen Form von Liebe hat Ingeborg Bachmann in der Symbolisierung jenes „guten Gottes von Manhattan" deutlich gemacht, der Liebespaare dieser Art aufspürt und in die Luft sprengt.

Ingeborg Bachmann läßt das Mädchen in diesem Stück sagen:

> „Ich liebe, und ich bin außer mir. Ich brenne bis in meine Eingeweide vor Liebe und verbrenne die Zeit zu Liebe."

Und den Mann:

> „Ich weiß nichts weiter, nur, daß ich hier leben und sterben will mit dir, daß ich keinen Beruf mehr haben und keinem Geschäft mehr nachgehen kann, nie mehr nützlich sein und brechen werde mit allem und daß ich geschieden sein will von allem anderen."

Und der „gute Gott" kommentiert:

> „Ich glaube, daß die Liebe auf der Nachtseite der Welt ist, verderblicher als jedes Verbrechen, als alle Ketzereien. Ich glaube, daß, wo sie aufkommt, ein Wirbel entsteht wie vor dem ersten Schöpfungstag. Ich glaube, daß die Liebe unschuldig ist und zum Untergang führt; daß es nur weitergeht mit Schuld und mit dem Kommen vor alle Instanzen. Ich glaube, daß die Liebenden gerechterweise in die Luft fliegen und immer geflogen sind. Ja, auffliegen müssen sie, spurlos; denn nichts und niemand darf ihnen zu nah kommen. Sie sind wie jene seltenen Ele-

mente, die da und dort gefunden werden, jene Wahnsinnsstoffe, mit Strahl- und Brandkraft, die alles zersetzen und die Welt in Frage stellen."

Das ist ein Hinweis von großer allgemeiner Bedeutung: daß die Verabsolutierung der Liebe in eine Sackgasse führt. Denn auch dort, wo das Versinken in der Leidenschaft nicht in den gemeinsam beschlossenen gewaltsamen Tod führt, gerät eine solche Liebe, in der zwei Menschen ausschließlich einander bestimmen, in die Gefahr des seelischen Todes, der Erstarrung vor Langeweile. Exklusive Liebe ist letztlich Egoismus zu zweit. Das Verharren im Paradies beschwört die Gefahr und das Unglück des Schlaraffenlandes herauf: die Gefahr, daß Liebe durch Übersättigung stirbt; denn nur der Mensch ist in der Lage, wahnwitzig maßlos zu sein, er ist frei genug, solche Verabsolutierungen des höchsten Glücks bis zum Umschlagen in die Verzweiflung durchzuleben und als Not zu erfahren. Bei allen tierischen Vorformen des Liebens dagegen wird der in die Zukunft weisende Aspekt unumgänglich: auf die Phase des Werbens und Zeugens folgt naturnotwendig die des Gebärens und der Aufzucht der Brut.

So kann uns die Biologie handfest daran erinnern, daß die Liebesgemeinschaft eines Paares offensichtlich nicht dazu bestimmt ist, für alle Zeiten in den „siebenten Himmel der Liebe" zu entschweben (wie es einmal in einem Schlager hieß), sondern daß durch ein sehr greifbares Erlebnis das Paar gewöhnlich bald wieder auf die Erde zurückgeholt wird: sie führt zu einem Kind, ja, dieses Kind ist ihr eigentlicher biologischer Sinn, obwohl uns die psychologische Praxiserfahrung lehrt, daß ein Kind keineswegs immer und überall als eigentlicher Sinn und als Erfüllung gewünscht, sondern oft sogar als störend und hinderlich für die Gemeinschaft der Liebenden empfunden wird. Doch würden wir das völlige Fehlen eines solchen Wunsches als Zeichen dafür werten, daß diese Liebe keine echte, und das heißt: keine in die Zukunft gerichtete Partnerschaft ist.

Genauso weiß der Biologe auch, daß das Hervorbringen von Nachkommenschaft nicht das Phänomen „Liebe" voraussetzt. In weiten Teilen des Tierreichs – von den Pflanzen ganz zu schweigen – wäre es eine unerlaubte Verzerrung, wollte man den Ausdruck Liebe überhaupt auf die Geschlechtspartner anwenden. Und außerdem: die überwiegende Mehrzahl aller Tiere lernt den Nachkommen als das Ergebnis seines Geschlechtslebens überhaupt nie kennen. Für weibliche Tiere könnte es allenfalls heißen: die Ablage von Eiern ist das angestrebte Lebensziel, das sich an den Geschlechtsakt anschließt. Für die männliche Tierwelt aber gilt fast überall, daß mit dem Geschlechtsleben selbst jede Partnerschaftsbeziehung endet, ja, oft sogar das Leben selbst.

Doch kommen für einen ernsthaften Vergleich mit dem Menschen nur Verhaltensweisen der höheren und höchsten Tierformen in Frage – und da darf man schon sagen, daß es so etwas wie einen Wunsch nach Nachkommenschaft gibt bei den Weibchen, eben ganz einfach als den Wunsch, alle angelegten biologischen Funktionskreise auszuführen, und dazu gehört die Brutpflege.

Aber beim Menschen ist eben mehr in der Liebe enthalten als nur das Drängen nach einem Objekt für die Brutpflegeinstinkte, es ist die Sehnsucht da nach einem gemeinsam erliebten und in gemeinsamer Liebe geschaffenen Dritten. Das braucht gar nicht unbedingt ein Kind zu sein. Aber das Kind, mit dem aus einem liebenden Paar eine Familie wird, ist sozusagen das Ur-Modell für die neue Dimension ihrer Liebe. Zwar setzt mit diesem Kind dann auch alles das ein, was wir als Mutter-Kind-Bezug unter dem Opferaspekt schon besprachen, aber zugleich auch entscheidend mehr: die Liebe der Mutter zum *Vater* erhält eine neue Dimension, und die Liebe des Mannes zu seiner Frau wandelt sich, wenn sie ihm ein Kind „schenkt", wie es unsere Sprache so schön ausdrückt.

Mit diesem Kind schenkt sie ihm mehr als nur Nachkommenschaft, sie schenkt ihm eine Aufgabe. Oder, besser gesagt: das Paar beschenkt sich gegenseitig mit einer gemeinsamen Aufgabe. Diese Aufgabe weist aber letztlich über die Familie hinaus; Kinder werden mit Recht als Geschenke auf Zeit bezeichnet, als Aufgaben von begrenzter Dauer. Sie werden flügge, nicht für die Eltern, sondern für eigene Lebensaufgaben bereit, zu denen dann später auch wieder eigene Kinder gehören. Der in die Zukunft weisende Aspekt von Aufgaben, die aus der Liebe fließen, bleibt in diesem Falle kontinuierlich und sinnträchtig erhalten. Daß diese fließende Bewegung mehr sein soll als nur ein ewig gleicher Kreislauf eines in sich rollenden Rades der Generationen, wird schon daran erkennbar, daß jedes Elternpaar im Grunde seiner Seele in bezug auf seine Kinder stets ehrgeizig ist. Ein deutlicher Zug von „über uns hinaus!“ ist im Wünschen und Streben der Eltern für ihre Kinder erkennbar. „Sie sollen es einmal weiter bringen als wir!“ heißt es dann, und Nietzsches Ausspruch: „Nicht fort sollst du dich pflanzen, sondern hinauf!“ lebt in solchen Elternwünschen. Und das ist ein Akzent des Liebens, der bei ihren höheren Formen immer deutlicher spürbar wird.

Es ist also nicht allein getan mit dem „Seid fruchtbar und mehret euch!“ des Alten Testaments. Das Liebesstreben ist nicht allein biologisch, nicht nur quantitativ deutbar. Selbst in der rein biologischen Zukunftsdimension des Liebens, im Bemühen um Nachkommen, ist das Streben nach neuer, höherer Qualität vorhanden. Und noch mehr liegt schließlich bereits in diesem biologischen Modell: ein deutlich transzendenter Aspekt. Denn das Kind zweier Liebender ist ihnen ein Symbol ihrer Hoffnung auf eigene Unvergänglichkeit, und es ist zugleich der oft einzig sichtbare Beweis für die schöpferische Kraft, die aus ihrer Liebe fließt und sie dadurch zugleich vor der Zerstörung bewahrt.

Wo immer das Lieben der Menschen in irgendeiner Weise über den Egoismus zu zweit hinausweist, auf ein gemeinsames Drittes bezogen ist und durch eine gemeinsame Aufgabe zu schöpferischer Gestaltung zum Neuwerden führt, enthebt es sich zugleich der Gefahr der Selbstzerstörung. Solche Liebenden ersticken nicht an ihrem ausschließlich Aufeinanderbezogensein, sondern sie leben im Teilhaben an der Zukunft. Das bewußte Erwählen dieser Form von Liebe gibt wohl überhaupt erst die Möglichkeit einer größeren Dauerhaftigkeit des Glücks, einer gemeinsamen durchglühten Lebensfreude. Das Lieben wächst über ein mit dem Willen nicht steuerbares Fühlen hinaus, es wird zur Haltung.

Dennoch sind die Rollen der Geschlechter in diesem Bereich ungleich verteilt. Eine Frau erlebt diesen in die Zukunft weisenden Aspekt des Liebens oft sehr unmittelbar durch die Mutterschaft, der Mann in einer beruflichen Arbeit, in der er schöpferische Impulse tätigen und verwirklichen kann. Seltener findet die Liebe zweier Menschen auch in verschiedenen Objekten schöpferischer Intention Erfüllung. Und doch ist das möglich. Die Aktivitäten an einer gemeinsamen Aufgabe pflegen grundsätzlich unterschiedlich verteilt zu sein. Eher mittelbar – dadurch, daß er für die Existenz seiner jungen Familie sorgt –, nimmt ein Vater zunächst an der Zukunftsaufgabe „Kind" teil, während die Frau voll aktiv sein muß in der Versorgung und Pflege des hilflosen Neugeborenen. Umgekehrt kann die Mitarbeit der Frau an der beruflichen Arbeit des Mannes meist nur mittelbar sein, indem sie ihn versorgt und an seinem beruflichen Erleben Anteil nimmt.

Freilich: Für eine Frau, die keine Kinder zu versorgen hat – weil diese erwachsen sind, oder wenn sie kinderlos geblieben ist –, kann in solcher nur mittelbaren Rolle auch eine Gefahr entstehen: die Gefahr des Zurückbleibens hinter dem Partner, der zunehmenden Verkleinerung, ja Verkümmerung im Schatten des aktiv in der Welt stehenden Mannes, so daß das

Verhältnis inadäquat wird. Die Frau kann ihre Transzendenz anscheinend nicht dadurch retten, daß sie sie dem Mann zuweist, dadurch also, daß sie sich mit seinen Taten, seinen Entwürfen und Fortschritten identifiziert. Mehr denn je wird das heute im Zeitalter der längeren Lebenserwartung und der Antikonzeptiva sichtbar. Die Frauen müssen sich deshalb selbst auf den Weg machen. Sie müssen die ihnen spezifischen Gaben ausbilden und zur Verwirklichung bringen, wenn sie dem Anspruch genügen wollen, in Gemeinschaft mit dem Mann darauf gerichtet zu sein, mit ihm, gewissermaßen im gleichen Joch, für die Zukunft zu wirken.

Das ist zwar ein sehr hoher Anspruch; es ist gewiß ein Ideal zu erhoffen, daß Mann und Frau gewissermaßen im vollen Bewußtsein einer Verantwortung ein Stück Welt auf ihre Schultern nehmen. Aber wenn man von den Grundformen und Entwicklungsweisen des Liebens spricht, erscheint es legitim, auch von den erstrebenswertesten Möglichkeiten, von den höchsten Entfaltungsformen des Liebens zu sprechen. Daß es immer nur wenige einzelne sein werden, die diese Gipfelpunkte der Entwicklung erreichen können, ist sicher; aber sie können dennoch wie das Blinkfeuer von Leuchttürmen in der Nacht Orientierung bedeuten für jene, die auf dem Wege sind.

In diesen reifen Formen des Liebens tritt der Aspekt des Sichergänzens anscheinend mehr und mehr in den Hintergrund; denn zwei zur Ganzheit ausgereifte, zur Abrundung gelangte Menschen haben es nicht nötig, sich mit dem anderen aufzufüllen. Sie müssen den anderen nicht „haben“, weil sie selbst genug besitzen. Bei seelisch voll entwickelten Menschen löst sich das egozentrische Bewußtsein auf und macht sie damit frei, die eigenen Kräfte einzusetzen und nach außen wirken zu lassen, „mit ihrem Pfunde zu wuchern“. Auf diesem Wege Gefährten zu finden, Gleichgestimmte, mit denen gemeinsam Ziele über das eigene Ich hinaus verfolgt werden können, das schafft eine Verbundenheit, die Dauer verspricht und die das Wesen der Liebe als Haltung ausmacht.

Damit wird auch klar, daß Lieben eine Haltung der Hingabe ist, die sich nicht auf zwei gegengeschlechtliche Partner beschränkt, ja, die eigentlich überhaupt nicht exklusiv, d.h. nur auf *einen* anderen gerichtet ist. Sie ist im höchsten Sinne Bruderschaft, wie sie von Schiller in seiner Ode an die Freude ausgesprochen und in der Vertonung von Beethoven als das Hohelied geistiger Ekstase gestaltet wurde, wo in seiner 9. Symphonie der Chor menschlicher Stimmen alle Gesetze der Instrumentalmusik durchbricht und zu strahlendem Lobgesang einsetzt:

> „Seid umschlungen, Millionen,
> diesen Kuß der *ganzen* Welt!"

Das Bewußtsein gemeinsamer Aufgabe erst schafft jene Verbundenheit zwischen Menschen, die sich als unter dem gleichen Auftrag lebend erkennen. Aus dieser Einstellung aber wächst dann die Nächstenliebe. Sie, die wirklich Liebe als Haltung darstellt, ist auch gemeint in dem Strom, der, seine Brüder mit sich reißend, ins Meer mündet, wie ihn Goethe in Mahomets Gesang schildert:

> „Bruder, nimmt die Brüder mit,
> mit zu deinem alten Vater,
> zu dem ew'gen Ozean,
> der mit ausgespannten Armen
> uns erwartet,
> die sich, ach, vergebens öffnen,
> seine Sehnenden zu fassen;
> Denn uns frißt in öder Wüste
> gier'ger Sand;... Bruder,
> nimm die Brüder von der Ebne,
> nimm die Brüder von den Bergen
> mit, zu deinem Vater mit!
> Kommt ihr alle! –
> Und nun schwillt er
> herrlicher, ein ganz Geschlechte

trägt den Fürsten hoch empor,
und im rollenden Triumphe
gibt er Ländern Namen, Städte
werden unter seinem Fuß..."

Die Barmherzigkeit für die Hilflosen und Schwachen – sagt Goethe hier – macht nicht ärmer, im Gegenteil: Menschen, die ohne an ihre eigenen Zwecke zu denken, ihre Kräfte anderen schenken, mehren die Liebe und damit die geistige Kraft in der Welt. So aber wird es dem Menschen erst möglich, die Fesseln seiner Natur abzuwerfen und über sie hinauszuwachsen.

In diesem Sinne hat schon Herder gesagt, daß der Mensch „der erste Freigelassene der Natur" sei. Bei Tieren kann davon gewiß keine Rede sein; es gibt allenfalls mit Einschränkung ein Verhalten, das man als Nächstenliebe bezeichnen könnte: Die gemeinsame Verteidigung eines angegriffenen Artgenossen ist bei vielen Herdentieren ausgeprägt. Die starken, männlichen Moschusochsen bilden einen Ring um die Kühe und Kälber, wenn Wölfe sie angreifen. Und von den Dohlen hat Konrad Lorenz berichtet, daß sie wütend jeden attackieren, der einmal einer von ihnen etwas zuleide tat. Bei den Delphinen – die besonders intelligent und kontaktfreudig sind – helfen sich die Weibchen gegenseitig bei der Geburt von Jungen, und man kennt Fälle, wo verwundete oder schwache Exemplare, die abzusinken drohten, von den anderen zum Atmen an die Oberfläche getragen wurden.

Einen solchen Fall könnte man wirklich als eine Vorform von Nächstenliebe verstehen, wenn sicher wäre, daß es nicht angeboren, sondern aus freiem Entschluß und sogar gegen die natürlichen Instinkte geschähe. Aber dergleichen unterstellt selbst die moderne Sozialbiologie nicht. Dem barmherzigen Samariter hingegen, der an einem Landesfeind Nächstenliebe übte, war dies gerade nicht angeboren, sondern er hatte gegen alle Erziehung und herrschende Sitte zu handeln. Nur darum ist dieses Gleichnis so bezeichnend für das, was wir Nächstenliebe nennen. Seinem Freund zu helfen ist keine ethische Leistung – seinen Feind zu lieben die höchste, die wir kennen.

Es ist – wenn man so will – die absolut untierische Haltung, ja die Haltung, die gegen das Tier in uns, gegen die angeborenen Instinkte durchgehalten werden muß. Dadurch wird in der Nächstenliebe die eigentliche Größe der menschlichen Liebesfähigkeit deutlicher als in allen anderen Ausdrucksformen des Liebens; denn Nächstenliebe verdient ihren Namen dort am meisten, wo sie sich auch gegen die angeborenen und einprogrammierten Normen entfaltet, wo das Andersartige, das Fremde, das uns persönlich Unangenehme um seiner selbst willen geliebt wird. Und darin zeigt sich Liebe als Haltung dann am freiesten von allen biologischen Wurzeln, während sie dort, wo sie geschlechtlich ist, sich von diesen Wurzeln nie deutlich trennen läßt. Wieviel Eigenliebe noch in unserer Nächstenliebe steckt, das können wir bei einiger Selbstbeobachtung leicht herausfinden. Aber wieviel Biologie, wieviel sexuelle Gewinnsucht bei der Geschlechterliebe zur Nächstenliebe tritt, das wird uns selbst stets fraglich bleiben.

In der reifen Liebe werden alle solchen Aspekte mitenthalten sein, im einzelnen unentwirrbar miteingewebt in das Ganze. Doch bilden sie dort jedenfalls nicht die Hauptstruktur; denn dieses reife Lieben ist eben dadurch gekennzeichnet, daß es *frei* ist von einem biologisch bedingten Aneinandergekettet-Sein. Der Kern dieses Liebens besteht in der gemeinsamen Hinwendung zu dem Lebensentwurf, zu der Haltung und zu der Aufgabe, die in ihr enthalten ist. Für den religiösen Menschen ist dieser Gedanke im Sakrament der Ehe, in der kirchlichen Trauung, also der Einsegnung eines Paares für ihre auf ein transzendentes Ziel gerichtete Aufgabe, unverkennbar enthalten; denn gläubige Menschen, die ihre Liebe zu einem Ehebund einsegnen lassen, tun dies gewiß auch in der Einsicht, daß hier im Vertrag der gegenseitigen Liebe und Treue etwas entworfen wird, was schwer durchzuhalten ist, ja, was ihrer Meinung nach ohne Hilfe von oben überhaupt nicht zu leisten ist.

Es ist schließlich wirklich schwer, was zwei Liebende sich vor dem Altar oder auf dem Standesamt versprechen. Es reicht weit hinein in die dem einzelnen unverfügbare Zukunft und macht aus Haltung und Gefühl, die im Augenblick ihrer Entstehung Geschenke waren, eine Institution und dauernde Verpflichtung. Im Gefühl der ersten jungen Liebe freilich ist dies noch kein Problem. Eheliche Treue eines Paares in den Flitterwochen, wo doch die Welt für sie fast ausschließlich aus ihnen selbst besteht, ist bare Selbstverständlichkeit – Untreue wäre hier eine psychisch krankhafte Erscheinung. Solange in diesem Ausnahmezustand der geliebte Partner zugleich der einzige überhaupt wahrgenommene „Nächste“ ist, sind Gattenliebe und Nächstenliebe völlig identisch geworden.

Dieses alle Umwelt ausschließende Gefühl aber läßt nach, und die Umwelt mit ihrer Realität tritt wieder herzu. Bei längerem Eheleben kann deshalb trotz aller Liebe die Treue zu einem Problem werden. Zwischen dem Wunsch nach ehelicher Treue im Sinne geschlechtlicher Ausschließlichkeit der Bindung und dem Bedürfnis nach Freiheit muß es also im Einzelfall – immer wenn man sich nicht einfach vor der Welt verschließt – gefährliche Spannungen geben. Wir kennen sie alle, diese Spannungen, und wir haben in jeder Gesellschaft ein System der Moral entwickelt, das uns hilft, in diesen Spannungen nicht zu zerreißen. Da aber gerade reife Liebe in dieses Spannungsfeld gerät, sie jedoch der gesellschaftlichen Moral gegenüber zugleich am freiesten ist, erheben sich Probleme und Fragen, die uns verwirren. Ortega y Gasset formuliert sie so:

> „Der häufigste Fall ist, daß der Mensch mehrere Male in seinem Leben liebt. Das gibt Anlaß zu einer Menge theoretischer Fragen, abgesehen von den praktischen, die der Liebhaber auf eigene Rechnung lösen mag.

Zum Beispiel: Ist diese Aufeinanderfolge mehrerer Liebeserlebnisse wesentlich für die Natur des Mannes, oder ist sie ein Mangel, ein tadelnswerter Rest von Primitivität und Barbarei, der sich in ihm erhalten hat? Wäre es das Ideal, das Vollkommene und Wünschenswerte, nur einmal zu lieben? Besteht in dieser Beziehung irgendein Unterschied zwischen dem normalen Mann und der normalen Frau?"

Wir können diesen Fagen hier nicht im einzelnen nachgehen; aber eine zentrale soll dem Zoologen gestellt sein: Gibt es Hinweise in der Biologie, aus denen wir folgern können, wie es mit der polygamen Veranlagung des Menschen steht?

Die Antwort muß heißen: Alles an überhaupt nur denkbaren Modellen zu einer günstigen Aufzucht der Jungen und dem vorherigen Zusammenfinden der Geschlechter ist im Tierreich realisiert. Darunter befinden sich auch Beispiele für engen, zeitweiligen Zusammenhalt der Elterntiere, manchmal sogar für lebenslange Bindungen. Aber nirgends werden im Tierreich Strukturen sichtbar, die mit dem aktiven Geschenk freiwilliger Ausschließlichkeit eines Partners für den anderen zu vergleichen wären, wie sie als Erscheinung der ehelichen Treue des Menschen gilt. Ehepartner heißt Geschlechts- und Lebenspartner und ist als solcher im Tierreich ein stets gefährdeter, zu beschützender und letztlich auswechselbarer Besitz. Nur wenn der männliche Nashornvogel sein brütendes Weibchen im Nest einmauert, indem er das Ausflugloch verschließt, ist die absolute und fraglose Monogamie hergestellt! Ein Männchen „hat" ein oder mehrere Weibchen – das ist der normale Fall im Tierreich –, und er hat sie sich durch die entsprechenden, im Kodex des Verhaltens vorgeschriebenen Rituale erworben. Solcher Bestand kann einerseits vermehrt werden, weitere Weibchen treten dann zum Besitz des Männchens, er kann aber auch gemindert werden, indem fremde Männchen einmalig oder dauernd in das Revier und damit in die Familie einbrechen.

Dieses Modell gilt für einfache menschliche Verhältnisse durchaus noch: nicht nur primitive Völker haben diese Besitzvorstellung, nach der die Männer ihre Frauen erobern oder kaufen müssen, wobei dann die weibliche Untreue zum Eigentumsdelikt wird. Auch in Hochkulturen gab und gibt es solche Vielweiberei, und in unserer Zivilisation scheint sich das Leben manches Playboys nach dem gleichen Muster abzuspielen, wenn man den Berichten den Illustrierten glauben darf. Überall, wo die Frau Besitz ist, Arbeitskraft, Statussymbol oder Nachkommenlieferant, wo also die beiderseitige Freiwilligkeit in der Partnerschaft fehlt, kann letztlich von Treue in unserem Sinne so wenig die Rede sein wie von Liebe.

Und damit wird klar: Liebe als Opfer und Liebe als Gewinn sind älter als die Ehe; denn sie wurzeln beide tief in unserer Natur. Aber auch Liebe als Haltung, wie wir sie hier verstehen und wie sie sich als Nächstenliebe am reinsten zeigt, muß eher dagewesen sein als jede echte, eheliche Liebesgemeinschaft. Denn die Nächstenliebe mußte schließlich erst einmal die Frau aus der Versklavung eines Objektes für männlichen Besitz befreien, um sie zum möglichen Partner einer freien Bindung zu machen. In unserer zweitausendjährigen abendländischen Kultur ist – fast allein auf dieser Welt – diese Wandlung gelungen. Und so erst wird die Liebe zwischen Gleichberechtigten möglich, so auch erstmalig die Liebe als Haltung der Treue zum anderen und zum gemeinsamen Dritten. Allerdings sollte man sich nicht um die kritische Frage herummogeln: Ist Treue dann nur die Bezeichnung für Ausschließlichkeit des Besitzes, das Streben nach Einmaligkeit und Unauswechselbarkeit des Partners? Gehört sie damit nicht zu jenen Vorformen des Liebens, die ichbezogen sind und den anderen zum eigenen Besitz machen wollen? Will nicht der Liebende die Treue des Geliebten für sich, einfach als Steigerung des Besitzes, den er am anderen hat?

Doch man muß die Treue schon etwas höher bewerten. Der Liebende will ja durchaus auch seine eigene Treue, will sie als Geschenk an den anderen, um ihn zu bereichern. Treue ist also mehr als Gebrauchsmusterschutz, mit dem sich Liebende wechselseitig ihre Ausschließlichkeit füreinander sichern. Sie ist eine Haltung, ja, die einzige überhaupt überzeugende Haltung, in der Liebe sich ausdrücken kann. Sie erwächst wie von selber in jedem Liebenden, aber sie entsteht dort stets als Forderung an *ihn selbst* und nie als Forderung an den anderen. Treue *üben* ist der Inbegriff der Liebe als Haltung, und das gilt für die Liebe zum Partner, für die Liebe zum Beruf, zur Aufgabe und sogar für die Liebe zu sich selbst. Treue zu *fordern* ist dagegen etwas ganz anderes, ist im Grunde so wenig möglich, wie Liebe zu fordern! Allerdings machen in vielen Staaten die Ehegesetze Treue zum einklagbaren Rechtsgut; nicht nur der Ehepartner, nicht nur die Kirche, sogar der Staat fordert sie dann; denn wo Untreue üblich wird, ist die Gesellschaft bedroht. Darum gibt es praktische Gründe genug für das Eingreifen des Staates. Freilich bleibt es immer fragwürdig, wenn Gesetze sich in personale Beziehungen einmischen. Solange aber alle Mitglieder einer Gesellschaft einhellige Ansichten über Erlaubtes und Unerlaubtes haben, geht solche staatliche Aufsicht meist ganz gut. Schlimm wird es erst, wenn diese Ansichten sich wandeln und damit die Gesetze plötzlich für einzelne nicht mehr passen, eine Situation, in der wir uns heute befinden. Aber grundsätzlich gilt: der Rechtsstaat wacht über die Einhaltung wie bei anderen Verträgen auch. In der kirchlichen Trauung versprechen sich die Brautleute darüber hinaus unwiderruflich die gegenseitige Treue, und deshalb ist es ganz berechtigt, wenn die Kirche in ihrer Gesetzgebung den Treuebruch ahndet – auf der Basis der Anweisung von Christus zur Ein-Ehe auf Lebenszeit.

Jede Ehe, jede Lebensgemeinschaft, ist ein solcher Vertrag, auch wenn er nicht ausdrücklich formuliert wird; denn es werden in einem solchen Bund von beiden Partnern Hoffnungen und Erwartungen eingebracht, die entweder durchgehalten oder enttäuscht werden können, und beide Partner kennen diese Erwartungen des anderen meist sehr genau. In früheren Zeiten, bei vielen Völkern, gehörte zwar Treue zu diesen Erwartungen, aber nicht Liebe. Bei manchen Ehen, vor allem bei den ganz modernen jungen unserer Tage, gehört wohl Liebe zu diesen Erwartungen, aber nicht Treue. Aber alle diese Varianten ändern nichts an der Grundsituation unserer heutigen Menschheit: für uns gilt als Normalfall, daß die Liebe zwei Menschen zur Ehe drängt und daß daher jeder Partner vom anderen zwar nicht fordern, aber erwarten kann, daß er ihm die Treue hält. Und Treue heißt hier nicht einfach und selbstverständlich, daß jeder Partner mit der Eheschließung automatisch gegenüber der restlichen menschlichen Umwelt zum geschlechtslosen Wesen denaturiert, sondern daß jeder beständig und mit allem Krafteinsatz dafür sorgt, daß seine guten Gefühle der liebenden Zuneigung zum anderen, die diesen selbst meinen, und ihn so, wie er ist, tragen und ertragen wollen, nicht nachlassen und nicht im Dämmern der Gleichgültigkeit oder in einer auf eigenen Gewinn gerichteten Selbstliebe versinken. So hat Paul Claudel es gemeint, als er sagte:

„Die Ehe ist das Bemühen zweier Seelen, sich künftig immer und zu einem außerhalb liegenden Zweck miteinander zu begnügen.“

Wenn wir Treue so auffassen, bekommt auch die Untreue ein ganz anderes Gesicht. Sie ist dann nicht einfach identisch mit dem Ehebruch, mit dem geschlechtlichen „Seitensprung“, sondern ist viel komplizierter zu fassen. Sie könnte dann schon in viel harmloseren Handlungen liegen, Untreue könnte schon eine Geste sein, ein böses Wort, ein häßlicher Gedanke, der ein Verrat an der Liebe wäre. Und andererseits müßte ein solcher Ehebruch nicht unbedingt die Liebe zerbrechen, zumal echte Liebe nicht nur nichts fordert, sondern auch alles verzeiht, soweit ihre Kraft reicht! Diese Kraft hat aber ihre Grenzen, und so gilt auch für die liebende Verzeihung, was für die Treue gilt:

man kann sie erhoffen, man kann sie vom Partner geschenkt bekommen, aber *fordern* kann man sie nicht.

Allerdings: Was als Untreue dazu taugt, eine Ehe zu zerbrechen, das ist gewiß sehr verschieden. Die Tragfähigkeit eines Liebenden kann manchmal groß sein, in anderen Fällen versiegt die Kraft rasch. Hauptsächlich aber kommt es darauf an, wo der Schwerpunkt der Verwundbarkeit liegt. Dort, wo die Geschlechtlichkeit als das innerste Heiligtum einer Ehe empfunden wird, muß hier natürlich auch die größte Verletzlichkeit liegen, und wird hier die Untreue am unerträglichsten. Für den Christen wiegt Untreue gegen den Ehepartner schwer, weil sie vor allem aber Untreue gegen Gott ist.

Für die meisten heutigen Menschen ist Ehebruch allerdings etwas, das vor allem dem Ehepartner angetan wird und erst in zweiter Linie einen religiösen Aspekt oder gar keinen mehr hat. Und dennoch ist das „Ein-Fleisch-Sein" mehr als ein kurzes und beliebig mit wechselnden Partnern wiederholbares Ereignis; es wird – wenn überhaupt irgend etwas in unserem Leben – als Mysterium empfunden, weil es, fast wider alle Vernunft, auf die zeitlose Dauer eines, und stets nur eines, existentiellen „Geschlechtsleibes" abzielt; denn wenn es bei uns nur den biologisch verankerten, personal ungeordneten Geschlechtstrieb im Sinne der Polygamie gäbe und lediglich Klugheit, Disziplin oder Moral, also spezifisch menschliche Leistungen, ihn monogam einschränkten, wäre Treue eigentlich nicht mehr als eine rationale Übereinkunft.

Im Kern einer echten Liebe wächst vielmehr zwingend das Bedürfnis nach Ausschließlichkeit des Partners, die – auch wenn sie in der funktionellen Gestalt des Geschlechtsleibes ganz im Biologischen verbleibt – in diesem Einswerden die menschliche Sexualität zugleich so transzendent macht, als wäre sie nur ein Symbol für etwas, das als Größeres dahinter- und darübersteht. Mit einer solchen Ent-Sexualisierung des Liebes-Konzepts wird die menschliche Ehe weitgehend aus dem biologischen Raum herausgehoben. Zwar geht es in ihr nach wie vor biologisch zu; denn die Kinder werden in diesem Raum gezeugt und geboren. Aber wenn wir der Ehe alle diese Züge geben, von denen hier mit Treue, Liebe, schöpferischer Kraft, die Rede war, so wird sie zu einem echten und ausschließlichen Menschen-Phänomen und läßt alle Vergleichsmöglichkeiten zum Tier weit hinter sich. Und dennoch bleibt die Frage: Gibt es das Phänomen der „Treue" nicht auch bei Tier-Ehepaaren?

Gewiß, man kennt eheliche Partnerschaften, die jahrelang dauern, die sich bis zum Tode eines Partners erstrecken. Bei manchen Vögeln – Dohlen, Gänsen, Schwalben z.B. – und auch bei manchen Säugern kommt das vor. Aber diesen Beispielen stehen andere entgegen: einjährige Saison-Ehen, die mit der Aufzucht der Jungen enden, und schließlich alle Formen der Vielweiberei, seltener auch der Vielmännerei. *Jedes* dieser Modelle scheint gut zu funktionieren, sonst würde es im harten Kampf ums Dasein längst aufgehört haben zu existieren. Keins zeigt im geringsten gegenüber dem anderen irgendwelche grundsätzlichen Vorteile.

Es handelt sich eben um zweckmäßige Arbeitsgemeinschaften zur Erzielung von Nachkommenschaft und dabei hier und dort um Ansätze zu persönlichen Bindungen. Viele Vogel-Ehepaare kennen sich persönlich, manche können sich sogar bei ihrem persönlichen Namen rufen. Und schließlich, als erstaunlichste „Leistung" dieser Art: es gibt sogar Fälle von Verhalten, das wie „Treue über den Tod hinaus" aussieht, also bis zum Sterben des einen Partners, wenn ihn der andere verläßt.

Aber ob dies Ansätze von Treue und Liebe sind, die wir mit unseren eigenen Gefühlen vergleichen können, das bleibt die große Frage, auf die eine Antwort zu schwer ist. Denn was heißt: „Ansätze"? Bei unserem Nachdenken zwischen Psychologie und Biologie ist immer wieder die Schwierigkeit des zureichenden Vergleiches betont worden. Rose und Veilchen haben durchaus vergleichbare Wurzeln, sind – wenn wir so wollen – in ihren „Ansätzen“ ähnlich. Aber da man eine Blüte nicht aus ihrer Wurzel erklären kann, nützt uns solche Ähnlichkeit des Ansatzes nichts. Wir können im wissenschaftlich-rationalen Frageansatz beinahe beliebige Gegenstände nach rückwärts immer weiter aufrollen und „hinterfragen“ und werden dann stets irgendwann einmal auf solche ersten, vergleichbaren Ansätze stoßen. Nur nützen uns diese nichts für die Erklärung des Eigentlichen. Ein Eichbaum und eine Maus, ein Blumenkohl und ein Mensch – sie alle entstehen aus vergleichbaren Ansätzen, nämlich aus je einer befruchteten Eizelle. Wer wollte aber deshalb sagen, daß sie „eigentlich“ alle recht ähnlich wären?

Menschliche Treue und tierisches, partnerschaftliches Verhalten lassen sich so auch nach rückwärts aufrollen und schließlich in Strukturen und Funktionen zerlegen, die ähnliche Ansätze frei machen. Aber die Qualität, nach der gefragt wurde, geht bei solchem rückwärts gerichteten Frageansatz verloren. Das, was im Ansatz vergleichbar ist, das eben ist noch *nicht* Treue. Alles, was uns hier eben beschäftigt, Untreue als Problem, Nächstenliebe als Haltung – das gibt es so bei Tieren nicht; denn es setzt Bewußtsein und freie Entscheidung voraus und strebt mit beiden nach einem Ziel, das sozusagen biologisch über uns selbst und aus der Logik unseres Leibes und unserer Seele hinausführt.

Insofern ist die Treue ein viel menschlicheres Problem als alle anderen mit der Liebe verbundenen. Denn es ist eine ganz neue Haltung, die im Verhaltensinventar unserer tierischen Verwandten gar nicht vorkommt. Die Treue als Haltung von Liebenden ist kein biologischer Kniff, sie ist ein Stilmittel menschlicher Lebensgestaltung. Und in diesem Sinne ist auch die Ehe wie jede andere Form dauernder liebender Partnerschaft weit mehr ein *Kunstwerk* als ein biologisches Modell, ein Kunstwerk freilich, das nie vollendet wird, um als fertig besichtigt zu werden, sondern das in der Zeit ausgebreitet liegt und nur im ständigen Werden Wirklichkeit ist. Was als einmaliger Entwurf im Hochgefühl der liebenden Begegnung entstand, das mag ein Schwung sein von großer Kraft. Aber es reicht noch nicht aus, um das Rad einer Ehe wie ein Perpetuum mobile dauernd in Drehung zu halten. Reibung und Bremsung im Alltag, Ernüchterung an uns selbst und an anderen, dies alles ist nun einmal da als „Welt" und nimmt dem Rade den ersten Schwung des Anfangs. Aber eine beständige, liebende Kraftzufuhr – und sie allein – kann das Rad dennoch in Drehung halten über die Jahre hinweg und ihm zu dauerhaftem Lauf verhelfen.

Dieses Bild will deutlich machen, daß liebende Partnerschaft nicht nur Geschenk ist, sondern auch eine Leistung. Eine glückliche, dauerhafte Ehe ist immer auch das Verdienst der Partner, die diesen Schwung des großen Anfangs nicht auslaufen lassen, nicht alles dem Gesetz der Trägheit übergeben, sondern beständig neue Kraft zuführen. Und dieses Bild vom rollenden Rad macht ein zweites deutlich: eine solche Partnerschaft liebender Menschen ist eine Kraftquelle, aus der wie mit Treibriemen neue Bewegung abgeleitet werden kann. Das dritte: die gemeinsamen Kinder oder die gemeinsame Aufgabe, sie alle brauchen ja ständig solche Kraft für ihr eigenes Wachstum und finden sie auf Dauer nur dort, wo sie verläßlich und dauerhaft strömt.

Mit dieser Sicherheit läßt sich verstehen, warum die Bindungsfähigkeit, die erst zur Liebe tauglich macht, geübt und gelernt werden mußte im Mutter-Kind-Verhältnis der opfernden Liebeshaltung. Denn diese Kraft, die in jeder liebenden Partnerschaft investiert werden soll, in Ehe, in Freundschaft und in jeder Form der Nächstenliebe – sie ist neben Gewinn immer auch Opfer! In der Liebe als Haltung verschwimmen diese Begriffe dann: das Opfer selbst münzt sich unmittelbar als Gewinn aus, und der Gewinn besteht letztlich darin, zu neuen Opfern fähig zu werden. Es wird klar, daß Bindungsfähigkeit und Liebe uns ganz fordern, ganz als Mensch und weit mehr denn nur als biologisches Wesen. Und damit wird auch klar, warum dieser Zustand des Liebens, der in seiner reifen Form ein Schenken und Beschenktwerden ist und der so die Hülle sprengt, in der die Selbstsucht unser eigenes Ich gefangenhält, den Blick zwangsläufig von uns selbst abwendet und ihn suchend über uns und unser Leben hinauslenkt.

Für die Zweifler und die Ungläubigen ist Lieblosigkeit, Fehlen von Liebe in dieser Welt, immer das stärkste Argument, die bitterste Anklage, ja fast ein Beweis gegen das göttliche Wirken gewesen. Im Gefühl, zu lieben und geliebt zu werden, finden sich die Gläubigen aller Völker über sich selbst hinaus zu den Göttern erhoben. Die Liebe ist der einzige Gottesbeweis, den alle Religionen ihren Eingeweihten und ihren Gläubigen mit Gewißheit verheißen. Die Schwärmer und die Entzückten aller Zeiten sind voll dieser Gewißheit. Die Verliebten und die Mystiker, sie sind einander in Gebärde und Ausdruck, in der Wahl ihrer Worte und in der grenzenlosen Erfülltheit von ihrem Gegenstand so ähnlich, daß Ortega y Gasset meinte, allein deshalb müsse der Gegenstand selbst bei beiden auch ähnlich sein. Beide, so sagt er, sind „im Zustand der Gnade“.

Offenbar führt das Nachdenken über die Liebe alle Menschen, alle Philosophie und auch alle Gesellschaftssysteme so weit in die Höhe, wie sie überhaupt bereit sind, sich ins Metaphysische zu erheben. Erich Fromm sagt:

> „Das Verlangen nach mitmenschlicher Bindung ist das stärkste Streben im Menschen. Es ist das grundsätzliche Verlangen, die Kraft, die die menschliche Rasse zusammenhält, den Clan, die Familie und die Gesellschaft. Sein Versagen bedeutet Wahnsinn oder Vernichtung. Selbstvernichtung oder Vernichtung anderer. Ohne Liebe könnte die Menschheit nicht einen einzigen Tag existieren.“

Für den gläubigen Christen nicht weniger wie für den Gläubigen der asiatischen Hochreligionen wird die Liebe daher mit Gott identisch. „Gott ist die Liebe“, ist die letzte, tiefste Botschaft des Evangeliums. Für den frommen Dante war es klar, daß die Liebe die Kraft sei, die die Gestirne bewegt. Und auch in der modernsten Form der protestantischen Theologie, die sich von mittelalterlicher Frömmigkeit so weit entfernt hat wie Galileis Stern von denen des Ptolemäus, wird Gott letztlich noch in der „Mitmenschlichenkeit“ faßbar und wird die Nächstenliebe zur einzigen und zugleich letzten Form wahrer Menschlichkeit.

Darin sind sich die gesellschaftlichen Ideologien unserer Zeit auch außerhalb des religiösen Bereichs ganz einig. Für den Marxisten wie für alle anderen Sozialisten ist dieser „Sozialismus“ im Ideal seiner endgültigen Durchführung nichts anderes als gelebte Mitmenschlichkeit, die allerdings die Gesellschaft und ihre Gesetze so entschlossen an die Stelle aller anderen metaphysischen Inhalte setzt wie einst Galilei die Naturgesetze an die Stelle Gottes.

In der Formel der Mitmenschlichkeit, der Brüderlichkeit und Humanität, erkennen wir in allen ideologischen und zeitbedingten Verkleidungen das wieder, was wir hier „Liebe als Haltung“ genannt haben. Wenn der Haß schlechthin der Bodensatz der Welt und des Menschen ist – so ist die Liebe der deutlichste Ausdruck des menschlichen Offenseins nach oben hin. Wie tröstlich, daß sich in dieser Gewißheit Christen und Nichtchristen sowie wie Wissenschaftler und Künstler ganz einig sind!

Mit der Aggression leben

Aggression als Selbstbehauptung

Scheinbar ist alles ganz einfach: da gibt es den Frieden, den großen, schönen Zustand der heilen Welt, in die wir eigentlich hineingehören, auf die jeder von uns mit seiner Geburt auch seinen Anspruch mitbringt – und da gibt es auf der anderen Seite das Böse, das diesen Frieden stört, ihn eigentlich nicht stören dürfte, aber leider doch immer wieder stört. Auf den ersten Blick scheint es, als hätte das Böse überhaupt nicht so sehr mit uns selbst zu tun als vielmehr mit den anderen. Die anderen sind böse, die Gesellschaft ist böse – Veränderung tut not, damit das Böse in die Schranken gewiesen wird, richtige Erziehung tut not, damit es gar nicht erst entstehen kann!

Damit ist das Böse zu einer Frage geworden, die nicht nur in den Raum der Religion gehört, sondern zunächst einmal in den der Psychologie, oder sagen wir es allgemeiner: in den der Lehre vom Menschen und seinem Handeln. Und darum sollen hier zwei Wissenschaften zur Sprache kommen: die Psychologie und die Biologie. Und warum gerade diese beiden Wissenschaften? Nun, wenn es um den Menschen geht und um das Böse, das den Frieden stört, so haben Psychologie und Biologie einen entscheidenden Beitrag zum Verständnis zu leisten, weil der Mensch in den Werdebedingungen seiner Art biologischen Gesetzen folgt und weil er sich zugleich als Individuum nach psychologischen Gesetzen entfaltet.

Bei der Frage nach den Gesetzen menschlichen Handelns begegnen sich diese Wissenschaften, und bei der Frage nach dem Bösen – oder auch nach dem „sogenannten Bösen“ – haben sie beide auch ein gemeinsames Wort: die *Aggression*. Es ist heute ein Modewort geworden, das um sich greift und immer größere Bezirke eingemeindet, ja schließlich so allgemein und beherrschend geworden ist, daß am Ende wohl beide Wissenschaften froh wären, sie hätten es nicht mehr und könnten wieder klar von einer eindeutigen Sache sprechen. Aber Begriffe verschieben und verändern sich leicht im ständigen Umgang und verschleiern zum Schluß das, was sie eigentlich aussagten.

Wir müssen diese Verschleierung hier von Anfang an durchbrechen und ganz klarstellen, was gemeint ist, wenn von Aggression gesprochen wird. Gemeint ist damit der Drang, der sich als Gegenspieler der bindenden Kräfte, als abstoßender Antrieb, als das Bedürfnis nach Abstand und Lebensraum zeigt – gemeint ist also mit Aggression nicht speziell der Wunsch, etwa jemanden zu schlagen – das wäre nur eine sehr verengte Spezialform eines sehr allgemeinen Dranges –, sondern gemeint ist der Wunsch und die Fähigkeit eines Lebewesens zur Selbstbewahrung und Selbstbehauptung und Abgrenzung von seinem Nachbarn. Jawohl: *auch* zur Abgrenzung, auch heute, mitten in einer Zeit, in der alles in dem Wunsch nach Aufhebung der zwischenmenschlichen Grenzen und nach Zerfließen in Solidarität geradezu vergeht und in der Abgrenzung selbst fast schon wie etwas Böses klingt.

Aggression also, um es noch einmal zu definieren, ist der Wunsch und die Fähigkeit, sich selbst zu behaupten und von anderen abzugrenzen und so den Anspruch auf eigenes Sein und eigene Verwirklichung anzumelden und durchzuhalten. Aber warum „Selbstbehauptung“? Ist das nicht eine unzulässige Überdehnung des Begriffes Aggression? Wenn man sagt: „Sei nicht so aggressiv!“, so meint man doch nicht: „Habe bitte nicht diesen Wunsch nach Selbstbehauptung“, sondern man will sagen: „Merkst du denn nicht, daß du mich angreifst? Jemanden anzugreifen ist böse – also laß das bitte!“

Das ist zwar richtig, aber es wäre eine unzulässige Verengung des Begriffs, wenn man sich auf diese Bedeutung beschränken würde. Man kann nicht ernsthaft hoffen, einen wesentlichen Teil unseres Verhaltens in den Griff zu bekommen, wenn wir nicht zunächst einmal verstehen, was das wirklich bedeutet – und wenn wir nicht zumindest darüber einig sind, wovon wir überhaupt sprechen.

In dem „Wörterbuch der Verhaltensforschung“ von Klaus Immelmann steht beim Stichwort Aggression kurz und bündig: „Angriffs- und Drohverhalten“. Zudem ist der Begriff durch den ständigen und oft unbedachten Gebrauch wie eine abgegriffene Münze geworden: man kann den Wert und die Inschrift nicht mehr entziffern. Und die Definitionen selbst tragen zusätzlich zu dieser Verwirrung bei, statt sie zu klären! Oder ist sich etwa die Fachwissenschaft darüber klar, was Aggression ist und woher sie kommt? Nein, das muß zugegeben werden: in den Wissenschaften selbst herrscht ein recht aggressives Gegeneinander der einzelnen Meinungen und Schulen. Insbesondere Verhaltensforscher der Schule Konrad Lorenz und Lerntheoretiker der Schulen Skinner stehen sich gegenüber.

Ob Aggression aber ein angeborener Trieb oder ein erlerntes – und daher bei richtiger Erziehung vermeidbares – Verhalten ist, darüber werden heiße Diskussionen geführt, in denen man dann wie in einem ideologischen Grabenkampf allzu leicht vergißt, daß sich die beiden Ansichten gar nicht ausschließen. Falsch wird alles erst, wenn man behauptet: Aggression ist *nur* Antrieb oder: Aggression ist *nichts* als Reaktion auf Frustration. Dabei haben beide Seiten auf eindrucksvolle Experimente hinzuweisen: die Lorenz-Schule vor allem an Fischen, die Behavioristen in Amerika vor allem an Tauben und Ratten. Aber Experimente müssen interpretiert werden – und da gibt es dann auch eine Selbstbehauptung der Fachleute, ihrer Schulen und Denkrichtungen – und sie führt meist dazu, daß die eigene Gruppenmeinung einseitig überbetont und die der Gegenseite aggressiv abgewertet wird.

Aus solchen Streitigkeiten der Schulen wollen wir uns hier ganz heraushalten. Wissenschaftler neigen mitunter dazu, das allgemeine Interesse der Öffentlichkeit an ihren Fach-Definitionen zu überschätzen, was natürlich nicht heißen soll, daß die praktischen Ergebnisse der modernen Aggressionsforschung hier übergangen werden sollen. Die Menschen, die unter der Aggression ihrer Umgebung oder auch an der eigenen zu leiden haben, wollen aber nicht in erster Linie wissen, wie Aggression wissenschaftlich zu definieren ist, sondern wie ihr Leiden gemildert oder geheilt werden kann.

Andererseits ist diese Aggression, die leiden macht, nur der negative Teilaspekt des Ganzen, um das es uns hier geht. Darum ist es so wichtig, die Aggression in ihrem Kern als Selbstbehauptung zu begreifen; denn selbst bei gegenseitigen Angriffen findet sich als Kern der Wunsch nach Selbstbehauptung.

Das läßt sich in fast jedem Streit sehr bald nachweisen, wenn man ihn einmal daraufhin untersucht, zum Beispiel beim Alltagszank eines Ehepaares. Das sieht dann etwa folgendermaßen aus:

> Der Mann: „Das Modehaus hat mir heute eine gesalzene Rechnung geschickt – mit dreistelliger Zahl –, alles nur Klamotten für dich und für das verwöhnte Fräulein Tochter!“
>
> Die Frau: „Aber ich bitte dich – schließlich braucht der Mensch Bekleidung! Und übrigens hast du erst neulich gesagt, wir sollten uns mal wieder hübsch machen!“
>
> Der Mann: „Ja, so ist das eben; gibt man dir den kleinen Finger, so nimmst du gleich die ganze Hand. Ich kann das aber nicht alles und immerzu bezahlen, sonst bin ich bald pleite! Das sind doch einfach Riesenansprüche, die ihr da entwickelt. Ihr seid nichts als putzsüchtige Gänse!“
>
> Die Frau: „Du bist gemein. Und so aggressiv! Du gönnst mir überhaupt nichts. Am liebsten würdest du dein ganzes Geld für dich und deine albernen Hobbies verbrauchen.“

Der Mann: „Wer ist hier *aggressiv*? Du oder ich? Ich verbitte mir eine solche Unterstellung – ich und das Geld allein verbrauchen, was ist das für eine Unverschämtheit! Da schuftet man nun tagaus, tagein, um der Familie das Leben angenehm zu machen..." – und so weiter.

Von hier aus gibt es je nach Temperament der Streitenden drei Möglichkeiten: Entweder lenkt die Frau oder es lenkt der Mann ein, einer also gibt jetzt nach, und der andere setzt sich durch – oder der Streit geht in die Eskalation. Dann wird gewissermaßen ohne Bandage gefochten, ohne Rücksicht auf Verluste, nur darauf bedacht, Sieger zu bleiben. Im Zank der Kinder sehen wir das an jeder Straßenecke; aber bei den Erwachsenen geht es eben leider oft nicht besser zu.

Eine solche Eskalation ist unerhört gefährlich: Sieger und Besiegter haben hinterher häufig schwere seelische und manchmal sogar körperliche Verletzungen, wenn sich der Streit ins Uferlose ausgeweitet hat. Ein Ehepaar kann sich auf diese Weise sehr rasch scheidungsreif zanken, zumal beide die Achilles-Ferse des anderen kennen und sich daher so trefflich und zielsicher verwunden können. In solcher Übersteigerung können Liebe, Freundschaft, langjährige Partnerschaft zugrunde gehen. Man trennt sich, vielleicht sogar im Gefühl, sich „befreit" zu haben von Unzumutbarem – man hat endgültig genug voneinander.

Viele Menschen haben aber sicher schon die Erfahrung gemacht, daß sie sich mit solcher Eskalation schließlich nur selbst schaden. Sie ziehen es daher vor, den Kampf beizulegen. In den Rollen der Geschlechter und auch in jeder Partnerschaft liegt immer ein echter Interessenskonflikt bereit, der aggressiven Sprengstoff enthält. Es ist schwer, mit der Aggression zu leben, da aus ihr meist sehr berechtigt, gelegentlich auch weniger berechtigt, der Wille zur Selbstbehauptung spricht, den man nicht unterdrücken darf, wenn man sich und den anderen ernst nimmt und wenn man *mit*einander leben will.

Schon aus unserem so banalen Alltagsbeispiel wird eines gewiß ganz deutlich: Das Problem läßt sich nicht dadurch lösen, daß die Familienmutter sich dem Geiz ihres Mannes fügt und das Aschenputtel spielt. Aber es ist auch nicht dadurch zu lösen, daß der Hausvater alle Rechnungen seiner Frau stillschweigend bezahlt – denn dann wären die Haushaltskasse – und auch sein Seelenfrieden – dauernd bedroht.

Wenn wir wirklich damit anfangen wollen, mit unseren Aggressionen zu leben, dann müssen wir erkennen, daß jeder von uns nun einmal einen anderen, eben einen eigenen Standort hat. Kein Mensch, auch nicht mein Ehepartner, ist total mit mir identisch – er ist immer auch der andere, ein Gegenüber mit einem eigenständigen Ich, mit einem eigenständigen Lebenswillen und Lebensrecht. Aggressive Handlungen stehen also im Dienst dieser Selbstbehauptung des eigenen Standorts und sind damit doch zugleich häufig Eingriffe in das Lebensrecht des anderen, gegen dessen Übergriffe wir uns verteidigen dürfen.

Aus solcher Sicht wird dann auch klar, daß Aggression nicht vorschnell auf den Begriff des „Bösen“ eingeengt werden darf. Denn jede Pflanze, jedes Tier ist mit dieser Lebenskraft zur Selbsterhaltung ausgestattet. Jede Pflanze braucht ihren Standort und die Kraft, ihn zu erhalten – eigenständig zu bleiben – um leben und gedeihen zu können. Stehen zwei Bäume zu eng nebeneinander, so sehen wir manchmal, wie sie eine gemeinsame Krone bilden. Sie haben sich zwar behauptet, aber doch miteinander arrangiert. In anderen Fällen – und das ist der häufigere – überwuchert und unterdrückt der eine den anderen. Das ist dann der „Kampf ums Dasein“, die allgemeine Form der Aggression.

Und dieser „permanente Konkurrenzkampf“ ist in allen Gesellschaftsformen zu beobachten; da gibt es kaum Unterschiede zwischen Mensch und Tier. Er herrscht in jedem Kollektiv, in dem der einzelne seine Aggressionen nicht bewältigen und in sein Leben integrieren kann. Natürlich wollen wir alle eine Gesellschaft, in der Frieden herrscht statt Kampf – aber deshalb können wir doch nicht leugnen, daß uns die Natur zunächst einmal mit dem gesunden Voraussetzungen ausstattete, um den Kampf ums Dasein zu bestehen.

Allerdings bedeutet auch in der Natur, bei Pflanzen und Tieren, Selbstbehauptung nicht immer gleich Kampf. Es herrscht kein ständiger Kampf aller gegen alle, sondern es bildet sich gerade in einem System gegenseitiger und gleichmäßiger Abstoßung oft eine stabile – und friedliche – Struktur. Das Bild der zwei engstehenden Bäume, die eine gemeinsame Krone bilden, kann uns zeigen, daß auch im Naturreich der Kampf nur ein Spezialfall der Selbstbehauptung ist, daß aber Harmonie und höhere, vielwertige Einheit das Ergebnis des biologischen Strebens nach Eigenständigkeit sein kann. Was ein kluger Mann einmal über den Krieg sagte, das gilt eben ganz allgemein für den Kampf – er ist nur die Fortsetzung der „Politik" mit anderen, mit extremen Mitteln!

Weil in dem Problem der Aggression und in seiner Entartung zum zerstörerischen Kampf und zum Krieg soviel Biologie steckt, weil wir über den Willen zur Selbstbehauptung erst einnmal sehr viele Informationen brauchen, die den meisten Menschen heute noch fehlen, deshalb ist uns bisher kaum ein Ansatz zu einem angemessenen, befriedigenden, uns nicht schädigenden Umgang mit unserer Aggression gelungen. Allein schon, um eine solche banale Auseinandersetzung wie die unseres Ehepaares menschenwürdig und befriedigend für beide zu bestehen, brauchen wir Wissen um das Wesen unseres Willens zur Selbstbehauptung – brauchen wir Kenntnis darüber, mit welch großartig funktionierendem Mechanismus der Mensch auf Angriff und Kränkung mit Angst, mit der biologischen Bereitschaft, sein Leben zu verteidigen, reagiert. Wer diese Zusammenhänge nicht kennt, der hat meist längst zurückgeschlagen, ehe er auch nur anfängt zu denken und seine Vernunft in Tätigkeit zu setzen.

Nur das Wissen um solche Zusammenhänge kann uns aus den Teufelskreisen biologischer Mechanismen erlösen, die unserem Status als Mensch nicht angemessen sind. Nur auf dem Boden solchen Wissens können wir uns in die Wünsche und Ängste unseres Gegenübers einfühlen und – unter der Voraussetzung, daß beide sich darum mühen – zu einem Konsens kommen. Aber über praktische Konsequenzen dieser Art soll erst in einem der letzten Kapitel die Rede sein.

Zunächst wollen wir – diesem Grundsatz entsprechend – über die verschiedenen biologischen Teilaufgaben des Willens zur Selbstbehauptung, und zwar zuerst über die Aggression als Ablösung, Orientierung vermitteln.

Aggression und Ablösung

All unser Nachdenken über Aggression entspringt dem elementaren Bedürfnis des Menschen nach Frieden. Krieg tut bitter weh – das sehen wir nicht nur an den erschütternden Bildern vom Balkan, das haben viele von uns noch als schreckliches Erlebnis des Zweiten Weltkrieges im Gedächtnis. Aber wir können auch aus unserem Alltag lernen: Jeder Kleinkrieg bewirkt Unbehagen, Mißstimmung und Unheil, das den Drang zum Heilmachen erweckt. Und doch ist die „heile Welt" – der Zustand der Konfliktlosigkeit – nur ein Wunschtraum, keine Wirklichkeit; auch in der Natur nicht.

In der Tierzüchtung läßt sich die Erfahrung machen: nimmt man den Lebewesen alle Beschwernisse des Kampfes ums Dasein ab, so kommt es nicht etwa zu besonders artgemäßer Entfaltung, sondern zur Entartung. An den Haustieren läßt sich zeigen, wie wenig der künstliche Dauerfriede der Stallhaltung oder gar das Schlaraffenland von Schoßtieren der artgemäßen Entfaltung bekommt. Denn diese kurzbeinigen, fettleibigen, langweilig-zahmen, nur noch an Nahrung und Sexualität interessierten Nachkommen ehemaliger Wildtiere wirken, mit diesen verglichen, wie Karikaturen. Die Abschirmung von aller Notwendigkeit der Selbstbehauptung und des Kampfes ums Dasein hat bei den Haustieren einen Degenerationsprozeß in Gang gesetzt, den Konrad Lorenz kurz und bündig die „Verhausschweinung" nannte. Und er wies deutlich darauf hin, daß dieser Prozeß nicht nur für Tiere gilt.

Diese Erkenntnis ist dringend nötig als Voraussetzung für eine realitätsgerechte Aggressionsforschung. Es ist in der Natur eben wirklich so, wie es ein alter Spruch sagt: „Der ewige Frieden ist ein Traum – und nicht einmal ein schöner." Absolute

Konfliktlosigkeit ist lebensfeindlich. Erstarrung, Verfettung, Zurückbleiben und Entartung geschehen grundsätzlich dort, wo der Wille zur Selbstbehauptung überflüssig ist und daher zurückgenommen wird oder verkümmert. Nur wenn wir die positive Funktion dieses Willens zur Selbstbehauptung anerkennen, haben wir Aussicht, mit ihm richtig umgehen zu lernen, nämlich so, daß er nicht unter unseren Händen entartet und sich böse verselbständigt. Aktive und angemessene Selbstbehauptung ist eine Grundbedingung des Lebens, die es nicht nur erhält, sondern auch zur Fortentwicklung und fruchtbaren Veränderung antreibt – gesunde, nicht entartete Aggression ist ein Stimulans der Höherentwicklung.

Im Leben vieler Säugetiere wird das schon sehr früh deutlich, nämlich einige Wochen oder spätestens Monate nach der Geburt, in der Phase der Entwöhnung. Sobald Jungtiere für sich allein sorgen können, gehen Tiermütter auf Abstand zu ihnen. Die Rehmutter versetzt dem Rehkitz einen Tritt, wenn es noch saugen will, obwohl es schon kräftig genug ist, selbständig Klee zu fressen. Sie stößt es gewissermaßen in sein Eigenleben hinein, und mit ihrer aggressiven Handlung beginnt sie den dramatischen und notwendigen Prozeß der Ablösung. Dies ist übrigens eine Erscheinungsform von Aggression, die Konrad Lorenz in seinem Buch vom „sogenannten Bösen" völlig vergaß, obwohl sie doch im Eigenleben der Säugetiere am Beginn steht und die Voraussetzung ist für alle späteren Funktionsbereiche gesunder Aggression.

Auch in der Lebensentwicklung des Menschen geht es ganz gewiß nicht ohne solche Prozesse der Ablösung – die Auseinandersetzung zwischen Eltern und Kindern ist im Grunde unvermeidlich, und darum sollte man auch gar nicht erst versuchen, sie zu verhindern. In dem Maß, wie das Kind seinen Körper, seinen Bewegungsapparat zu gebrauchen und sich durch die Sprache auszudrücken lernt, erstarkt auch sein Wille zur Selbstbehauptung, drängt es aus der Abhängigkeit von der ersten Bezugsperson heraus. Unser altes Volkslied weiß von dieser Entwicklungsnotwendigkeit: „Hänschen klein, ging allein, in die weite Welt hinein...“.

Diese Notwendigkeit gilt sogar für den Menschen noch viel dringender als für das Tier; denn unser Weg „in die Welt hinein“ meint zugleich den Weg über die Natur hinaus und in die Kultur. Dabei ist sicher das Sprechen von entscheidender Bedeutung. Und das Anpacken der Aufgabe, der aggressive Schwung wird sich besonders deutlich dort zeigen, wo der Mensch „Nein“ zu sagen lernt. Er ist, wie es Max Scheler einmal ausdrückte, der „Neinsagenkönner, der Asket des Lebens, der ewige Protestant gegen alle bloße Wirklichkeit.“ Deshalb wird das Nein-Sagen, das Widersprechen und Sich-Widersetzen bereits in der Ablösungsphase des Kindes gewissermaßen zu seinem Übungsprogramm. Die Entwicklungspsychologen sprechen daher mit Recht auch von einer gesetzmäßigen Trotzphase des Kindes. Etwas anderes, ja Entgegengesetztes zu wollen als Mutter, Vater oder die älteren Geschwister, auch einen *eigenen* Willen zu haben, ist eine notwendige Entwicklungsstufe der menschlichen Person, die nicht unbeschadet ausgeschaltet oder übersprungen werden kann.

Allerdings erfordern solche Auseinandersetzungen Kraft, ja, sie sind „Kraftproben“ und daher anstrengend und auch lästig für beide Teile. Aber sie sind offensichtlich biologisch unumgänglich, und Eltern haben also gar nicht das Recht, sie ihren Kindern schuldig zu bleiben, da es eben zu ihren Pflichten gehört, alles zur Entwicklung der Kinder Notwendige bereitzustellen. Und weil der junge Erwachsene mehr Kraft und Durchhaltevermögen hat als der alte, gedeihen Kinder meist besser unter der Obhut junger Eltern als unter der älterer Personen, zum Beispiel der Großmütter – die doch heute so oft die Rolle der Mütter zu übernehmen haben, weil diese ihre ungebrochene Kraft und Energie lieber möglichst schnell wieder der Berufsarbeit zuwenden.

Großmütter-Erziehung verwöhnt aber häufig und verhindert dann oft die Entwicklung der Kinder zur Selbständigkeit.

Das werden weder die Mütter noch die betreffenden Großmütter gerne hören; aber hier kann die Biologie sogar mit einwandfreien Beweisen aus der Kinderstube der Menschenaffen dienen: Die Lebensgeschichte des Schimpansenkindes Flint, die Jane Goodall nach Beobachtungen in freier Wildbahn aufzeichnete, ist ein gutes Beispiel dafür. Flint war das letzte, das vierte Kind der erfolgreichen Schimpansenmutter Flo, und bei diesem Nesthäkchen war ihr mütterlicher Elan, die selbstverständliche Konsequenz in der Einhaltung der bei Affen geltenden Erziehungsgesetze, gemindert. Sie war so weichherzig und inkonsequent wie eine gütige Großmutter. Die Ablösung mißlang, und Flint hing auch als Halbwüchsiger immer noch an Mutters Rockschößen; mit einem tragischen Resultat: als Flo wenig später starb, überlebte ihr unselbständiger, nicht abgelöster Sohn Flint sie nur um wenige Tage. Er hatte die Chance zum Selbständigwerden verfehlt, er hatte nicht erlernt, was ein Erwachsener doch lernen muß: ohne die Mutter zu leben.

Beispiele dieser Art gibt es unter den verwöhnten Großmutterkindern unserer Wohlstandsgesellschaft nicht selten. Kürzlich bat eine Großmutter wegen ihres bedrückend faulen, 16jährigen Enkels um Rat. Er hatte seine Lehre abgebrochen, saß untätig, rauchend und trinkend zu Hause herum, wog bei einer Größe von 180 cm schon 2 Zentner und sah mit seinem gelockten Haupthaar, das schulterlang das feiste Gesicht umwallte, eher aus wie Ludwig XIV. als wie ein lebenskräftiger Sechzehnjähriger. Die Großmutter gestand halb verschämt, halb stolz, daß sie dem Jungen das Brot immer noch zu schmackhaften Häppchen zerschnitte und daß sie große Freude daran habe, ihn von morgens bis abends zu umsorgen und zu bedienen. Aber es gab auf diese Weise zwischen Großmutter und Enkel ebensowenig eine wirkliche Harmonie wie zwischen den Schimpansen Flo und Flint.

Flint hatte – was für einen gut erzogenen Affenjüngling keineswegs typisch ist – eine deutlich erhöhte Reizbarkeit für Aggressionen. Er war geradezu jähzornig. Und so ähnlich sah es auch bei dem Enkel aus. Er hatte in einem Jähzornsanfall sogar schon einmal eine Bierflasche nach der lieben Großmutter geworfen. Warum? Man könnte sagen: Die fehlenden Auseinandersetzungen hinderten die Ablösung und Verselbständigung des Jungen. So mobilisierten und verstärkten sich die Aggressionen, um auf diese Weise doch noch das Ziel, die Befreiung von der überbehütenden Großmutter, zu erreichen.

Hier ist also ein Ausgleichsystem am Werk, das geradezu mit mechanischer Gesetzmäßigkeit funktioniert – eine biologische Steuerung oder, wie man es heute gerne nennt, ein kybernetisches System. Die langsam ansteigende, aggressive „Betriebswärme" des Kindes in der Ablösungsphase ist gewissermaßen durch einen Temperaturregler gesteuert: setzt man ihn außer Funktion – und das tut die beschwichtigende, in Watte packende Großmutter, die mit Geschick und Geduld die Gewitterhitze des Ablösungsklimas immer wieder wegfächelt –, so kocht schließlich beim Enkel die aggressive Energie über, und der Kessel voll angestauter Wärme explodiert. Der Zweck, die Ablösung, ist dann – wenn auch auf dramatische Weise – schließlich doch erreicht – der biologische Antrieb hat funktioniert.

Wie sehr der Wille zur Selbstbehauptung ein biologischer Antrieb ist, läßt sich gerade an seinen Fehlentwicklungen durch extreme Erziehungsmethoden erfahren. Nicht nur verwöhnende und überbesorgte, alle Entscheidungen abnehmende Großmütter erzielen nämlich ein faules und aggressives Verhalten von Kindern, sondern auch das gegenteilige Prinzip bringt den gleichen Mißerfolg. Wie oft schildern in der Praxis manche Mütter ihre Not: obwohl sie den Kindern keinerlei Widerstand entgegensetzen, alle eigene Besorgnis mühsam unterdrücken und die Kleinen selbst entscheiden lassen, was sie tun möchten, also

„demokratisch“ sind und alle „Unterdrückung“ peinlichst vermeiden, werden ihre Kinder doch immer aggressiver, ja, sie gehen schließlich geradezu suchtartig auf die Suche nach irgend etwas, das vielleicht *doch* den Zorn der Mutter erregen könnte. Sie „betteln um Watschen“, wie man in Österreich sagt. Und auch die geradezu peinliche Beobachtung dieser Mütter, daß der Frieden in solchen Fällen erst wiederhergestellt ist, wenn schließlich entgegen allen Grundsätzen die Ohrfeige doch versetzt wurde, dürfte von vorurteilsfreien Konfliktforschern nicht übersehen werden; denn es handelt sich um das typische Kennzeichen einer Instinkthandlung: Beruhigung tritt erst dann ein, wenn das Triebziel erreicht ist.

Dieses Triebziel heißt im Verselbständigungsprozeß junger Lebewesen „Ablösung“ von der Person, an die man zunächst gebunden war. Zugleich üben sie bei der Ablösung die Selbstbehauptung ein und werden so auf die Auseinandersetzung des Erwachsenendaseins vorbereitet. Lernen und Vollziehen der Ablösung sind Teile des gesunden Herangehens an das eigene Leben, und daher ist dieser Prozeß abgesichert und hereingenommen in die Unausweichlichkeit einer Instinkthandlung. Das Jungtier reizt die Mutter durch zunehmenden Überanspruch, die Mutter antwortet mit zunehmend zurückstoßendem und distanzierendem Verhalten – schon vom ererbten Verhaltensinventar ist so der Absprung ins eigene Leben nach der Phase der Säuglingszeit sichergestellt. Und mehr noch als irgendeine Tierart zeigen die meisten gesunden Kleinkinder einen aktiven Drang nach Loslösung von der beschützenden Hilfe der Mutter. Die Auseinandersetzung wird beim Menschen vor allem durch das zum „Alleinmachen“ drängende Kind vorangetrieben.

Diese Besonderheit der Art Mensch ist sicher bereits ein Zeichen dafür, daß ein mächtiger Drang in ihm angelegt ist, der es ihm ermöglicht, durch viele Phasen der Ablösung, Bindung und erneuter Abstoßung höhere Entwicklungsstufen zu erklimmen.

Damit wächst er weit über die Entwicklungsmöglichkeit von Tieren hinaus, kann aber im Falle von Fehlentwicklungen der Aggression auch „tierischer als jedes Tier“ werden.

Am eindrucksvollsten ist die Zwangläufigkeit dieses Gesetzes an der Charakterentwicklung von Kindern ablesbar, deren Mütter die Auseinandersetzung erfolgreich durch liebevolle Geschicklichkeit umgehen. Sie räumen ihren Kindern nicht nur die Steine, sie räumen ihnen auch Anlaß zu Unmut, Ärger und Wut mit gekonnter Überlegenheit und mit Einfallsreichtum aus dem Weg. Für die Kinder solcher Mütter ist selbst das Zubettgehen, das alle Kinder auf der Welt verabscheuen, ein Fest. Denn schon wieder winkt im Bett etwas Anziehend-Erfreuliches: ein zum Geheimnis gemachtes Betthupferl, eine schöne Geschichte, ein lustiges Spielchen usw. Als Folge dieses Erziehungsstils werden solche Kinder zunächst sanft wie Tauben, sie gehorchen freiwillig aufs Wort, sie sind voll Interesse für die Welt, sie können vertieft und besinnlich allein spielen. Bei Einzelkindern, die eine nicht arbeitende, alleinerziehende Mutter haben, ist dieser Entwicklungsverlauf besonders häufig. Bereits in den ersten Schuljahren treten aber dadurch oft Schwierigkeiten auf, daß das Kind sich nicht wehren, sich keinen Platz in der Klassengemeinschaft erobern, sich an Rangplatzkämpfen nicht beteiligen kann und zum Außenseiter wird. Für diese Kinder wird die Pubertät häufig zu einer schweren Krise, weil die Kraft zur Ablösung aus dem Kinderparadies nicht verfügbar ist. Die Schubkraft der Pubertät, die in die Verselbständigung drängt, wird von der zu engen Bindung behindert und führt so zu einem inneren Konflikt, der akutes Leistungsversagen, Eßverweigerung, ja, in extremen Fällen psychotische Desorientierung bewirkt. Selbst wenn der Start, meist verspätet, doch gewagt wird, bleibt solch ein Mensch oft wehrlos gegenüber Lebensbelastungen und anfälliger für psychosomatische Erkrankungen.

Es gehört zur verblüffenden Gesetzmäßigkeit bei der Charakterentwicklung solcher Menschen, daß ihre Erziehung zur Wehrlosigkeit trotz ihrer primären Sanftheit keine echte Friedfertigkeit zur Folge hat. Sie sind eben gerade nicht friedfertig, eben nicht „fertig“ zum Frieden, sondern oft von einer versteckten, hinterhältigen Aggressivität. Sie werden zum Beispiel jene superkorrekten Schalterbeamten, die ihre geheime, sadistische Lust am Schlangestehen der Wartenden haben, sie neigen zu Sticheleien, zum Querulantentum, zu starrsinniger Rechthaberei, zu heimlichen Fußtritten, zum Vorenthalten, Zurückbehalten und Stänkern. Der Wille zur Selbstbehauptung wird bei ihnen nicht angemessen zur Verteidigung berechtigter Ansprüche eingesetzt – dazu ist er oft keineswegs verfügbar –, sondern er quillt gewissermaßen auf Schleichwegen durch die Ritzen des künstlich errichteten Sperrzauns.

Solche Verläufe widerlegen dann alle Hoffnung der Lerntheoretiker, man könne Fehlentwicklungen der Aggression dadurch ausschalten, daß man den Kindern so wenig wie möglich Gelegenheit zu nachahmendem Lernen von Aggression gäbe. Aber die Aggression läßt sich nicht durch fehlende Übung aus der Welt schaffen. Im Gegenteil: Gerade bei diesem Erziehungsstil, der von dem pazifistischen Ideal der Erwachsenen getragen ist, wird der Zögling zwar besonders fleißig; aber kommt er, der Streber und Außenseiter der Schulzeit, durch diese Strebsamkeit zu einem Machtposten, so ist er meist einen Untergebenen gegenüber von sadistischer Härte. Gerade er kann leicht zum bösen Diktator entarten, also zu dem Typ, den wir doch auf jeden Fall vermeiden möchten.

Allerdings: Hier wie überall berühren sich die Extreme. Jedenfalls lassen sich zum Beispiel Hunde nicht nur durch völlige Vernachlässigung, sondern noch viel eindeutiger durch eine gewaltsame Prügeldressur zu bissigen Untieren fehlerziehen. Und auch diese Erfahrungen haben Entsprechungen in der Erziehung des Menschen. Der Trieb zur Selbstbehauptung geht mit gesetzmäßiger Nötigung krumme Wege, wenn der Eigenwille des Kindes ständig durch Gewalt gebrochen wird; denn die Übergefügigkeit solcher zum Kadavergehorsam erzogenen Menschen ist Schein. Als Reaktion auf Frustration leiden sie vielmehr unter einem erhöhten Aggressionsdruck, der nach Entlastung drängt. Deswegen sind solche Menschen später oft streitsüchtig, sie reizen und provozieren oder bekommen bereits Tobsuchtsanfälle bei geringfügigen Anlässen. Der Umgang mit ihnen ist extrem schwer, da sie nicht gemeinschaftsfähig sind. Unter den Männern der älteren Jahrgänge ist diese erhöhte Reizbarkeit für Aggression besonders häufig, da der Erziehungsstil der Eltern von 1900 bis 1950 noch sehr darauf gerichtet war, die Aggressivität, besonders der kleinen Söhne, mit Gewalt zu beantworten. Auf diese Weise erzog man in der Tat harte, aber auch unausgeglichene, gefährliche, ja häufig quälend sadistische Männer, die durch ihre machtanmaßende Aggressivität innerhalb unseres Kulturkreises in diesem Jahrhundert viel Schaden angerichtet und dafür gesorgt haben, daß durch sie die Saat der Gewalt aufging und sich fortpflanzte.

Wenn diese Theorie richtig ist, wenn die Aggression ein Antrieb ist und also etwas mit unserer Natur bzw. Unnatur zu tun hat, so wäre es denkbar, daß es auch eine biologisch einwandfreie Form der Erziehung geben müßte, in der der Antrieb zur Selbstbehauptung zu einer natürlichen und phasengerechten Ablösung verwendet würde. Das Kind müßte an seinen Erziehern – also zunächst einmal bei den Eltern – die Erfahrung machen: „Ich will dies – gut, das darf ich wollen. Sie aber wollen es manchmal anders – und damit muß ich mich abfinden!"

Das Kind müßte Ablehnung erfahren, wenn es angreift, und Abweisung als Folge seines nörgelnden Überanspruchs. Es muß auf jeden Fall erleben, daß es mit seinen Ansprüchen auch an die Grenzen der Rechte anderer stößt und daß diese anderen sich dann wehren und ihre Rechte verteidigen. Solche zwar liebevollen, aber doch festen und klaren Auseinandersetzungen und „Grenzstreitigkeiten“ bringen dann beim Kind die Impulse der Verselbständigung in Gang – die Einübung in eigene sich absetzende Handlungen wird also auf ganz natürliche und artgemäße Weise erreicht, und der Antrieb hat es nicht nötig, sich in unangemessener Weise durch „Ersatzbefriedigung“ in Tobsuchtsanfällen zu entlasten.

Das wäre ein wirklich natürlicher reifungsgerechter Emanzipationsprozeß, der durch keine Ideologisierung eingeheizt, vorverlegt oder hinausgeschoben würde, sondern der dem im Menschen angelegten Zeitplan der Entwicklung folgt. Die Primatenforscher wissen durch Beobachtungen am Affen, daß es solche artmäßig festliegenden Zeiten der natürlichen Entwöhnung gibt, die eingehalten werden müssen, wenn die Selbstentfaltung des Einzeltieres nicht geschädigt werden soll. Wenn man im Experiment zum Beispiel kleine Rhesusaffen zu früh von ihrer Mutter löst, so bleiben sie auch als erwachsene Tiere noch unruhig zulaufende oder resigniert-passive Wesen, die verloren am Rande der Affengesellschaft sitzen, deren Spielregeln sie nicht erlernen und einhalten können. Und das ist bei den Menschen nicht anders, wie wir an mutterlosen Heimkindern sehen können. Es fällt ihnen auch als Erwachsene noch schwer, „Spielregeln“ einzuhalten, das heißt: sich im Umgang mit anderen maßvoll zu verhalten. Sie überschreiten immer wieder ihre Grenzen, indem sie taktlos-aufdringlich sind.

Aber auch Verspätungen in der Ablösung von der Mutter können sich in Unausgeglichenheit auf dem Sektor der Aggression und Selbstbehauptung auswirken. Das schon erwähnte Schimpansenkind Flint war ein solcher Fall von lebensbedrohendem Mangel an Eigenständigkeit. Und die verwöhnten Großmutterkinder wiesen die Parallele zum menschlichen Verhalten auf. Aber auch überbehütende Mütter zeigen uns diesen Zusammenhang, und nicht nur in Europa. Kinder von Naturvölkern, die im Tuch getragen werden, wenn sie schon längst selbst laufen können, und manche Kinder bei Indianerstämmen, die noch bis ins dritte Lebensjahr gestillt und damit seelisch an die Mutter angebunden werden, sind zwar entzückend brav und zufrieden; aber sie entwickeln häufig keinen hinreichenden Schwung zu eigener Aktivität. Der Reiz rechtzeitig eingeübter Auseinandersetzung, Ablösung und Selbstbehauptung fehlt hier als Stachel, der „reizt und wirkt" und die Impulse zu eigenschöpferischer Lebensgestaltung in Gang setzt.

Daran läßt sich lernen, daß die Entwicklungsphase, in der die Motorik des Kindes ausreift – in der es also lebhaft danach drängt, sich seiner Arme und Beine zu bedienen –, der naturgegebene Zeitpunkt ist für eine angemessene Erziehung zur Selbständigkeit, die Phase des zweiten bis fünften Lebensjahres.

Neugeborene fest einzuwickeln, wie es im 18. Jahrhundert üblich war, schadet ihnen anscheinend nicht – aber wenn in dieser späteren Phase die Eigenbewegung gehindert wird – zum Beispiel im Gipsverband nach Unfällen, bei spastischen Lähmungen oder sonstiger Bewegungs- und Körperbehinderung –, kommt es gleichzeitig häufig auch zu einer unzureichenden Entwicklung des Selbstbehauptungswillens. Manchmal bricht er sich dann in überschießenden Ersatzhandlungen mit seinem ganzen gestauten Nachholbedarf Bahn. – So ergab etwa die Anamnese eines 16jährigen jungen Mannes, der psychotherapeutisch behandelt wurde, weil er ständig Autos und Motorräder stahl und damit ziel- und sinnlos, aber mit hoher Geschwindigkeit herumfuhr, bis der Treibstoff ausging, daß er als Zweijähriger über ein Jahr lang in einem Gipsverband hatte liegen müssen. – Manchmal aber ist der Selbstbehauptungswille solcher in der Motorik Behinderter so gehemmt, daß nicht einmal durch Sprechen und Ansprechen das Herangehen an die Welt vollzogen werden kann.

Daß diese Theorie stichhaltig ist, läßt sich daran erkennen, daß sich solche Leiden durch Training der Körperbeherrschung vielfach auflösen. Sowohl die Aggressionshemmungen der überbehüteten Kinder wie die der körperbehinderten lassen sich durch aggressive Spiele, durch Sport, Schwimmen und Heilgymnastik bessern, oft vollständig heilen. Der Selbstbehauptungstrieb läßt sich durch die Förderung der Selbständigkeit und der realitätsgerechten, angemessenen Durchsetzungmöglichkeit zu einer konstruktiven Entfaltung bringen. In dem Maße, wie das den Erziehern gelingt, verringert sich die Gefahr, daß statt Einübung in Lebenstüchtigkeit Einübung in Lebenszerstörung vollzogen wird. Kleinkinder, deren Bedürfnis nach Verselbständigung durch überbesorgte Mütter verhindert wird, reagieren auch häufig mit Angstsymptomen. Das nächtliche Aufschreien, die verstummte Schüchternheit, die Hundephobien und Bauchschmerzen als Angstäquivalente verschwinden überraschend schnell, wenn solchen Kindern zur aktiven Selbstbehauptung und Aggressionsentlastung im Spiel verholfen wird.

Allerdings kann Aggression auch durch Nachahmung gesteigert werden. Der Nachahmungstrieb bei Kindern ist sehr stark, und oft ist Aggressivität im Erwachsenenalter eingeübte Reaktion. Auch der Nachahmungstrieb hat in diesem Bereich eine erhebliche Bedeutung: Wenn das Audiovisuelle Zentrum der Pädagogischen Hochschule in Hildesheim festellte, daß bei uns pro Woche bis zu 416 Gewaltverbrechen über die Bildschirme laufen, und wenn weiterhin feststeht, daß manche Kinder bis zu 20 Stunden pro Woche vor dem Fernsehapparat verbringen, dann ist es wichtig zu wissen, daß diese Kinder eine deutlich erhöhte Aggressivität zeigen. Aus einer Statistik der USA geht hervor, daß ein Kind bis zu seinem 12. Lebensjahr rund 80 000 Gewaltszenen mit ca. 14 000 TV-Toten erlebt hat, und das nur in den regulären Programmen, ohne Videofilme. Vance Packard berichtet in seinem Buch 'Verlust der Geborgenheit – unsere kinderkranke Gesellschaft' (Ullstein 1986) von einer Studie des U.S. Surgeon General's Office, die besagt, daß in den letzten drei Jahrzehnten, seitdem das Fernsehen zum Alltag der amerikanischen Kinder gehört, sich die mit Gewalt verbundenen Straftaten Jugendlicher um 1600(!) Prozent erhöht haben. Natürlich wird hierfür nicht das Fernsehen allein die Ursache sein, aber es gilt inzwischen als empirisch erwiesen, daß ein Kind umso aggressiver und gewalttätiger ist, je mehr an Aggressivität und Gewalt es im Fernsehen zu sehen bekommt.

Hier entsteht also so etwas wie eine „psychische Ansteckungsgefahr" aggressiver Szenen, die auch bereits bei Mäusen und Ratten im Experiment getestet worden ist. Spielt man ihnen einen harten Mäuse-Western vor, also Filmszenen mit Mäuse- und Rattenaggressivität, so steigt anschließend ihre eigene Aggressivität sprungartig an. Es kann kein Zweifel daran bestehen, daß die Vielzahl brutaler Aggressions-Szenen in unserem Fernsehprogramm für Jugendliche höchst ungeeignet, ja gefährlich ist – und für Erwachsene auch. Allerdings berechtigen solche Erfahrungen nicht zu der Behauptung, Aggression sei eben *nur* erlerntes, nachahmendes Verhalten und käme an sich in der gesunden Ausstattung unseres Verhaltens gar nicht vor. Auch Mäuse und Ratten beweisen schließlich nur, daß der Anblick von Aggressionen bei den Tieren eine Auslösefunktion für eigenes aggressives Verhalten ausübt.

Regt man eine Gruppe von Kindern zur Nachahmung aggressiver Spiele an, so hat das für jedes einzelne Kind, je nach seiner psychischen Situation, einen verschiedenen Stellenwert. Für manches Kind wird das Spiel eine Entlastungsfunktion haben, es wird Aggressionsdruck ablassen können; das ist besonders bei den zu Hause hart „dressierten" Kindern der Fall. Für andere wird eine solche Nachahmung den therapeutischen Wert der Befreiung von Unselbständigkeit haben. Die schwer aggressionsgehemmten Kinder werden es auch in der Gruppe nicht wagen, das „eindressierte" Tabu zu durchbrechen. Andere, zu Ausgeglichenheit erzogene, werden dem Spiel wenig

Reiz abgewinnen können, vielleicht auch der Demonstration einer Puppe, die geschlagen wird, in skeptischer Ablehnung gegenüberstehen und deshalb nicht mitmachen.

Es darf angenommen werden, daß – wie bei den Instinkthandlungen der Tiere – mit einer angeborenen, inneren Bereitschaft Antworten von außen erwartet werden und daß sich der Antrieb zur Selbstbehauptung fehlentwickelt, wenn diese Antworten ausbleiben oder der programmierten Erwartung nicht entsprechen. Das Ziel heißt: sich behaupten, sich Lebensraum schaffen, Lebensrecht durchsetzen können. Die innere, angeborene Bereitschaft heißt: Bedürfnis zum Herangehen, zum Gebrauch der Ellenbogen, sich nicht alles gefallen zu lassen, sich zu widersetzen, selbst zu wollen, anders zu wollen, Beengung zurückzustoßen, Fesseln zu sprengen. Die erwartete Antwort heißt: Einübung zum Selbständigwerden eingeräumt bekommen, an seine Grenze zu stoßen und dadurch zu lernen, sich abzugrenzen, und in die Alleinbewältigung genötigt zu werden.

Wenn der Sinn der Aggression beim Menschen wie bei den Tieren die Inanspruchnahme des Rechts auf eigenständiges Leben ist, dann muß die Unterbindung und Behinderung dieses Ziels, mit welchen Mitteln auch immer, beim Menschen wie bei den Tieren ähnliche Folgen haben und vergleichbare Störungen heraufbeschwören.

Flints Fehlentwicklung aufgrund von Flos Überbehütung war bereits ein solches Beispiel, und es gibt zahllose andere. Es macht das Wesen der Kernneurosen aus, daß in immer gleicher Weise nicht realitätsgerecht plastisch, sondern starr im Wiederholungszwang ihrer Behinderung agiert wird. Wenn das Klassenziel Ablösung nicht erreicht, die erste Trotzphase nicht absolviert ist, bleibt der Mensch an diese notwendige, aber unbewältigte Aufgabe fixiert. Der Antrieb versucht später weiterhin dumpf drängend sein Ziel zu erreichen. Menschen, die von ihrer Umwelt zeitlebens als Trotzkopf – oder als störrischer Esel – bezeichnet werden, haben gelegentlich solche Vorgeschichten, aber auch die „Rebellen aus Prinzip“ und die „Berufsrevolutionäre“. Es sind alle die unter ihnen, die ihr Ziel mit Mitteln zu erreichen suchen, die zwar in der infantilen Phase, aber nicht mehr im Erwachsenenalter angemessen sind. Bei ihnen kommt es zu einer besonderen Art von Zusammenstößen mit der Umwelt: zu ständiger Streitsucht, zu trotzköpfigem Geschrei, zu Wutanfällen und tobsüchtigem Randalieren – also zu Verhaltensweisen, die allenfalls Dreijährige, nicht aber gesunde Erwachsene zeigen. Die einstige Behinderung führt zu einer partiellen Entfaltungsstörung des Menschen.

Ebenso wie man heute im zoologischen Versuch „Kaspar-Hauser-Tiere“ durch künstliche Trennung von der Mutter herstellen kann, würden sich vermutlich im Experiment durch Behinderung der Bewegung in der Jugendzeit auch „Michael-Kohlhaas-Tiere“ erzeugen lassen. Doch ist ein solches grausames Experiment gar nicht nötig, um die Bedeutung von Entfaltungsstörungen zu demonstrieren: überall, wo Tiere in engen Käfigen gehalten werden, gibt es Beweise genug zu sehen. Die stereotypen Bewegungen eines unausgelebten Entfaltungsddranges, die Verletzung der Käfiggenossen und schließlich auch das Lecken, Beißen und Nagen am eigenen Körper – also krankhafte Selbstaggressionen – sprechen eine deutliche Sprache. Allerdings: Tiere, die man an der artgemäßen Entfaltung hindert, zerstören sich kaum einmal vollständig selbst, aber sie versinken oft in einen apathischen Zustand, der nicht selten bald zum Tode führt – sie verdämmern gewissermaßen. Es ist daher ganz unangemessen, wenn manche Verhaltensforscher heute das Nachlassen von Aggressionshandlungen bei Fischen, denen man das Reizfeld dafür nahm, als Sieg der absoluten Umwelttheorie deuten.

Der Mensch zeigt ebenfalls eine Fülle solcher fehlgeleiteter Aggressionen, wenn sich sein Selbstbehauptungswille nicht phasengerecht entfalten konnte. Seine Zwänge bestehen dann in Nägelbeißen und -reißen, Wangenhautbeißen, Haarausreißen, Selbstzerkratzen und dergleichen mehr. Letzte Konsequenz eines eingebahnten Unvermögens zur Behauptung des eigenen Lebensrechts kann schließlich der Selbstmord sein. In der Praxis sehen Psychologen heute, daß bereits Jugendliche an schwerer, krankhafter Niedergeschlagenheit und stumpfer Mutlosigkeit leiden können – medizinisch gesagt: an reaktiven Depressionen –, wenn eine verwöhnende, überbehütende oder super-antiautoritäre Erziehung ihnen die Einübung in Aggression und damit die Ablösungsmöglichkeit verwehrt. Die scheinbare Sanftheit solcher Jugendlichen ist im Grunde nur die Apathie der Hoffnungslosigkeit. Sie aber kann nicht Ziel der Erziehung sein.

So beweist gerade die Existenz der reaktiven Depression, daß ein Fehlen aggressiver Handlungen nicht automatisch mit dem Frieden gleichgesetzt werden kann, den wir anstreben – mit dem konstruktiven, lebenskräftigen Frieden, der nicht aus kranker Aggressionshemmung, sondern aus gesundem und angemessenem Umgang mit Aggression entsteht. Nicht Apathie aus Mutlosigkeit und Schwäche, sondern Gewaltlosigkeit als Ausdruck gesunder inneren Stärke: das ist das hohe Erziehungsziel. Der apathische Frieden des Menschen, dem sein Lebensrecht genommen ist oder der es nicht in Anspruch zu nehmen wagt, ist grundsätzlich nur ein Scheinfrieden. Der muntere und energische Zugriff auf die Welt ist zwar verloren; aber statt dessen überschreitet der reaktiv Depressive dennoch fortgesetzt seine Grenzen, indem der seine Umwelt in seine Verdüsterung hineinnötigt, nicht allein sein kann, klammernd haftet und nur um sich selbst kreist. Dabei ist die Lebenskraft Aggression nicht total verschwunden, sie ist nur unfruchtbar, ja zum Teil in destruktiver Weise falsch kanalisiert. Deshalb verschwinden Depressionen dieser Art, je mehr ein Patient Wut empfindet, Wut aussprechen, sich selbst behaupten und aus seiner Unselbständigkeit lösen kann.

Oft ist es allerdings unmöglich, in der Kindheit eingebahnte Fehlverhaltensweisen aufzulösen. Je früher eine Entfaltungsbehinderung einsetzte, um so zäher hält sie sich. Das sehen wir bei Tieren; aber auch beim Menschen ist es schwierig, Kernneurosen zu heilen, die im ersten Lebensjahr entstanden sind. Doch dem Menschen wächst durch die Möglichkeit zur Einsicht, zum Verstehen in die Zusammenhänge seiner ihm zunächst ganz unverständlichen Not eher eine Möglichkeit der Selbsthilfe zu. Er kann seine Probleme, wenn er sie versteht, gezielt anpacken. Doch dazu braucht er zunächst den Helfer, den Ermutiger, den Menschen, der den Lebenswillen für ihn aktiviert, der den eingebahnten sekundären Krankheitsgewinn mit ihm bekämpft.

Hier gibt es sicher keine Entsprechung zwischen Mensch und Tier. Dem Biologen wächst vielmehr die Rolle zu, aus seiner Kenntnis der Tiere auf die fundamentalen Unterschiede zum Menschen hinzuweisen. Und einer dieser Unterschiede besteht eben darin, daß der Mensch nicht nur am Ende seiner Kindheit, sondern auch weiterhin im Laufe seines Lebens Ablösungsphasen zu durchlaufen hat, die zunehmend weniger mit dem Entwicklungslauf eines Tieres vergleichbar sind. In dem Maß, wie uns diese Ablösungen gelingen, bleiben wir entwicklungs- und steigerungsfähig. In dem Maße aber, wir sie nicht bestehen, droht uns auf jeder Stufe neu die vorzeitige Erstarrung – das Rasten und Rosten!

Diese einzelnen Schritte sollen zum Abschluß unserer Betrachtung der Ablösung einmal nacheinander beschrieben werden: Die *erste* Ablösung hängt mit der Einübung der motorischen Eigenständigkeit zusammen und findet in der Trotzphase des Kleinkindes statt. Hier gehen Mutter und Kind auf Abstand, es vollzieht sich die seelische Abnabelung, die der körperlichen Abnabelung der Geburt im Abstand einiger Jahre nachzufolgen hat. Daß dieser Schritt gelingt, ist deshalb so fundamental wichtig, weil sich hier zugleich die Möglichkeit für alle spätere Selbstbehauptung entfaltet. Psychologisch gesagt: die gelungene partielle Ablösung in der ersten Trotzphase bewirkt gleichzeitig die Konstituierung des Ich. Seine notwendige Abgrenzung gegen die anderen läßt dann das „Ego", also den vitalen Kern der Person, erstarken, ohne den der Mensch seinen Lebenskampf nicht bestehen kann.

Kinder, denen durch eine der eben beschriebenen extremen Erziehungsweisen die Erstarkung des Ich nicht gelungen ist, sind gefährlich unsicher, übertrieben anlehnungsbedürftig, und bleiben abhängig von der Initiative anderer. Diese Menschen können nicht an der richtigen Stelle nein sagen, sie lassen sich ausnutzen, mißbrauchen, fremd-suggerieren und manipulieren. Sie bleiben weiches Wachs in den Händen anderer, werden aber nicht glücklich.

Doch diese Trotzphase löst noch nicht alle Bindungen an die Erwachsenen, sie führt eigentlich nur in das Stadium hinein, in dem das Kind als eigene Person kenntlich geworden ist – es ist nun eben nicht mehr Säugling und nicht mehr „Tragling", aber es ist doch noch Kind und bleibt in der Familie – im „sozialen Uterus" geborgen. Aus ihm heraus führt erst die Pubertätskrise – also die *zweite* und wesentlich dramatischere Trotzphase, die der Geschlechtsreife der Tiere entspricht und in der sich beim Menschen vermutlich auch noch mancher Nachholbedarf decken läßt, der in der ersten Trotzphase versäumt wurde.

Die Pubertät des Menschen ist in unserer heutigen Gesellschaft vor allem ein Sichabsetzen von ihr, ein mehr oder weniger zur Schau getragener Protest gegen das ganze „System" – ist gekennzeichnet von dem unbekümmerten Hochmut, die Welt und das eigene Leben anders und besser gestalten zu können, als es bisher gelang. Zu einer solchen „Emanzipation" ist schon ein kräftiges Ich-Potential nötig.

Hier geschieht dann im Extrem heute das, was Konrad Lorenz besorgt eine der acht „Todsünden" der zivilisierten Menschheit nennt: das Abreißen der Tradition. Wenn Ablösung heißt: Bessermachen als die Alten, Andersmachen als sie, dann übernimmt man am besten gar nichts von ihnen, fängt neu und von vorne an und verachtet alles, was für die Eltern Sinn und Wert hat. So stellt Konrad Lorenz voll Verbitterung fest: „Die Revolution der heutigen Jugend ist von *Haß* getragen!" Doch das ist wohl ein zu hartes Urteil – es übersieht in einem krankhaften Extrem den gesunden Kern.

Zu krankhaft übersteigerten Extremen im Verhalten Jugendlicher kommt es, wenn der gesunde Kern – das normale Ich-Potential einer gelungenen ersten Ablösungsphase – nicht erworben wurde. Entweder bleibt nämlich die Ablösung vom Elternhaus ganz aus und bewirkt so eine gefährliche Abhängigkeit und Unselbständigkeit, oder es kommt zu den Exzessen, die Konrad Lorenz vor Augen hatte: der Jugendliche löst sich in halsbrecherischer Übertreibung, mit Haß, mit Rachegefühlen und exzessivem Anderswollen und Verweigern vom Elternhaus ab. Daraus folgt viel Leid, das wir heute tatsächlich in steigender Anzahl zu sehen bekommen. Viele Jugendliche brechen ihre Ausbildung ab, begeben sich in Gammlertrupps oder unter die Sektierer und Revolutionäre. Mädchen verschwinden in promiskuitiven Wohngemeinschaften, tauchen in der Welt der Fixer und Kriminellen unter. Alles dies sind extreme Formen eines pubertären Protests, der die Realitäten verleugnet und – meist aus Ich-Schwäche – ihnen ausweicht.

Das aber ist vorzeitige Erstarrung anstelle der sich anbahnenden Entfaltung zu einer höheren Stufe der selbständigen Persönlichkeit. Eigentlich soll doch die Pubertät als die Ablösung aus der Kindheit und aus der Leitungsfunktion der Eltern die eigene erwachsene Geschlechterrolle und damit eigene Leistungsfunktion vorbereiten. Und dazu gehört in der Tat mehr als ein Abbrechen aller Tradition, aber auch mehr als unkritisches Übernehmen aller Tradition: Es ist die Vorbereitung auf die Ablösung aus der Verhaftung in Traditionen, auf die Ausbildung der Fähigkeit zu eigenständiger, kritischer Urteilsbildung, Ablösung aus familiärem Egoismus und aus Gruppenegoismus. Dies alles ist der Ablösungsschritt des Erwachsenen, des Dreißig- bis Vierzigjährigen, der so befähigt wird, sich überpersönlichen Zielen zuzuwenden. Diese *dritte* Ablösung kann nur gelingen, wenn auf der Basis realitätsgerechter Ablösung in der Pubertät existentielle Selbständigkeit und finanzielle Unabhängigkeit erreicht wurde. Und zeigen uns nicht die symbolhaften Suchwanderungen in Mythen und Märchen, daß schließlich als eigentlich menschliche Lebensleistung das allmähliche Zurückweichen des „tierischen" Fundaments der Selbstbehauptung, die Entthronung des Ego, als Aufgabe des späten Erwachsenenalters auf uns wartet?

Das hat die Schule C.G.Jungs erhellend aufgedeckt. Wir machen aber die Erfahrung: Diese sogenannte Selbstfindung ist eine harte Lebensaufgabe. Sie anzupeilen, ist überhaupt nur möglich, wenn das Ich hat erstarken dürfen, wenn mit seiner Hilfe expansive und extravertierte Weltaufgaben bewältigt werden konnten. Nur ein reiches und reifgewordenes Ich macht es dem Menschen möglich, die Dominanz des Ego zugunsten einer letzten Grenzüberschreitung aufzugeben. In dieser reifen Stufe ist Selbstbehauptung geheimnisvollerweise nicht mehr nötig. Sie kann zwanglos aufgegeben werden, weil eine liebende Verbindung mit dem Urgrund des Seins – ein durchgängiges intuitives Verstehen der Zusammenhänge – egoistische Gier, Abgrenzen und Umkämpfen der eigenen Position überflüssig werden läßt. So erweist sich die Funktion der Ablösung innerhalb des Selbsterhaltungstriebes in den höchsten Entwicklungsstadien des Menschen letztlich sogar als ein Werkzeug der Befreiung von der Vorherrschaft unserer Biologie, als ein Weg zur ersehnten Befreiung von der Materie.

Aggression und Besitz

Besitz haben und Besitz halten, das ist eine zweite Komponente des Willens zur Selbstbehauptung, den wir im weitesten Sinn als „Aggression“ bezeichnen. Leben heißt doch vor allem auch, am Besitz der eigenen Existenz festhalten und ihn verteidigen wollen mit allem, was dieses Leben ermöglicht: mit Nahrung und Lebensraum. Jedenfalls gilt das für die Tiere. Manche grenzen ihr Territorium, ihren Lebensraum, sorgfältig gegen den Nachbarn ab – durch Duftmarken aus besonderen Drüsen oder auch durch ihre Ausscheidungen, die Vögel durch ihre Stimme. Grenzen von Revieren, Schlafplätzen, von Futter-, Trink- und Niststellen werden nicht nur kenntlich gemacht, sondern dann auch umkämpft und verteidigt. Wer einen territorialen Besitz nicht erringen und gegen alle Herausforderer erhalten kann, ist nicht lebensfähig. Und wenn manche modischen Ideologen unentwegt behaupten, Besitzstreben sei allein die Eigenschaft einer bestimmten Sorte von Menschen, nämlich der bösen, ausbeutenden Unternehmer, die man nur abschaffen müsse, damit es keinen Streit um Besitz mehr gäbe – so kann uns vorurteilsloses Beobachten eines Besseren belehren.

„Haben“ wird zu einem der meistbenutzten Worte bei Kleinkindern, sowie sie überhaupt sprechen können. Ohne jeden Klassenunterschied ruft das Kind des reichen wie des armen Mannes „Haben!“ und meint damit: „Gib mir den Apfel, *ich* will ihn essen; gib mir die Puppe, den Teddy, die Rassel, die du in der Hand hast, sie soll *mir* gehören, *ich* will damit spielen.“ Setzt man ein- bis zweijährige Kinder zusammen und stellt ihnen allerlei Spielzeug zur Verfügung, so ergibt sich meist rasch, daß ihr Hauptinteresse darin besteht, dem anderen immer gerade das Stück zu entreißen, das er gerade zur Hand nimmt.

Im Kinderzimmer wie im Hühnerhof gilt offenbar, daß irgendein Gegenstand überhaupt erst interessant wird, wenn einer ihn aufgreift und *hat* – nun wollen die anderen ihn auch haben, und gackernd läuft das Huhn mit dem ergatterten Brocken, schreiend schließlich auch das Kind fort, von allen anderen verfolgt. Das Allein-haben-Wollen ist natürlich zunächst einmal im Nahrungsbereich ein für den einzelnen sinnvoller Antrieb: „Selber essen macht fett!" – das ist ein Merkspruch von brutaler biologischer Richtigkeit, wie sehr wir ihn – oberhalb der Biologie – auch ethisch mißbilligen. Aber nicht nur für Nahrung, sondern für jede Art von Besitz, der für erstrebenswert gehalten wird, gilt eben, daß er eine große Bedeutung für die Selbstbehauptung hat. Wenn ich ihn dem anderen entreiße, wächst meine Stärke, und zugleich damit wird der andere geschwächt, entmachtet, ungefährlich gemacht. So hat jede Handlung der Selbstbehauptung und der Besitznahme aus der Sicht der anderen auch eine aggressive Seite. Doch wäre es zweifellos ein Mißverständnis, wenn man sich immer gleich angegriffen fühlen würde, wenn der andere auf seinen Besitz, auf sein Recht ebenso erpicht ist wie man selbst.

Bei den Tieren gibt es ein erstaunlich gut funktionierendes System, das solche Mißverständnisse verhindert. Es sind die jeweils fest einprogrammierten Rituale der Beschwichtigung, durch die ein Tier dem anderen deutlich macht, daß es ihn jetzt *nicht* herausfordern, ihm seinen Besitz jetzt *nicht* streitig machen will. Das Schweifwedeln der Hunde – und natürlich ihrer wilden Vorfahren, der Wölfe –, das Abwenden des Kopfes und Beiseiteblicken bei vielen Affen, auch – buchstäblich wie bei uns – die hingehaltene Hand und das zum Kraulen und „Lausen" hingewendete Fell sind solche Signale der Beschwichtigung, durch deren Verwendung die Tiere mit den

Aggressionen leben. Man findet Rituale dieser Art auch bei uns Menschen in großer Zahl. So ist es in unserem Kulturkreis selbstverständlich, daß man beim Eintritt in eines anderen Haus grüßt, die Hand ausstreckt, freundlich lächelt, einen guten Tag wünscht. Man gibt dem anderen durch Höflichkeitsformeln zu verstehen, daß man in friedlicher Absicht kommt und sein Revier, seinen Besitz, respektiert.

Ein Irrtum ist hier bei Mensch wie bei Tier ganz ausgeschlossen – es sei denn, daß Tiere verschiedener Art sich mißverstehen (wie Katze und Hund, bei denen Schweifwedeln in ihrer jeweils artgemäßigen Sprache etwas ganz Verschiedenes bedeutet) – oder daß Menschen sich bewußt täuschen. Bei einem Überfall in fremdes Territorium wird kein Gruß gewechselt – fehlende Begrüßung durch einen Bekannten ist uns daher ein automatisches Alarmsignal für aggressive Absichten, eine Herausforderung, eine „Provokation".

Aber auch wenn solche Mißverständnisse ausgeschaltet, wenn Aggression und Herausforderung nicht gewollt sind, entfaltet sich eine „harmlose" Form des Dranges nach Eigenbesitz und eigenem Revier sehr früh beim Menschen. Gerade das noch unzureichend entwickelte Ich bedarf zu seiner Stärkung die Abgrenzung gegen die anderen. Schon die spielerische Abgrenzung des Kleinkindes mit Kissen, Bausteinen, Pappwänden oder Kreidestrichen, die Vorliebe für Zelte, Schlupfwinkel und Höhlen bei den Grundschulkindern sind Kennzeichen dieser Komponente des Selbstbehauptungswillens. Bei den Erwachsenen ist es dann der Gartenzaun, die Stadtmauer, die verriegelte Tür oder – wir Deutschen sind dafür in aller Welt berüchtigt: die Sandburg am Strand.

Je schwächer und unsicherer sich der Mensch fühlt, um so mehr strebt er dann in seinem Umkreis danach, „Schätze" anzusammeln und zu horten. Je nach Lebensalter und spezieller Mangelsituation können das dann sehr verschiedene Dinge sein: Süßigkeiten, Flaschen mit Trinkbarem, Stofftiere, Oblaten, Murmeln, Briefmarken, Muschelschalen oder Schmetterlinge, Poster oder Groschenhefte, im Erwachsenenalter schließlich materielle Reichtümer wie Gold, Häuser, Aktien, aber auch gelehrte Bücher und Lexika oder Kunstschätze und Antiquitäten. Das Sammeln, Eintragen, Anhäufen und Horten als Tätigkeit an sich ist dabei sehr wesentlich, der Inhalt ist demgegenüber meist – jedenfalls bei Kindern – zweitrangig.

Aber auch beim Ansammeln materieller Werte Erwachsener ist das Entscheidende der Lustgewinn der Antriebsbefriedigung, die durch das *Anhäufen* entsteht. Es hat besonders für Ich-schwache Menschen eine absichernde, die Selbstbehauptung stützende Funktion. Ein solcher Mensch möchte von den schönen Dingen vor allem einen ganz großen Haufen besitzen – ja am liebsten möchte er sich selbst drauf setzen wie der Drache Fafnir auf sein Gold: „Ich lieg' – und *besitz*'!"

Solche Fafnir-artigen Formen von Fehlverhalten kann man im Tierexperiment künstlich bewirken. Jedenfalls scheint das die plausibelste Erklärung des folgenden Versuchs: Ratten, die man als Jungtiere hungern ließ, zeigten eine mächtige, der normalen Ratte ganz fremde Hortungstendenz. Solche in ihrem elementaren Besitzanspruch frustrierten Ratten fühlen sich offenbar zeitlebens als Habenichtse; denn sie tragen so viele Papierschnitzel an ihren Schlafplatz, wie sie in ihrem Käfig nur auffinden können.

Bei Menschen können solche übersteigerten Sammeltendenzen auf ähnliche Weise entstehen, nämlich wenn das natürliche Besitzstreben des noch Ich-schwachen Kindes im Stadium seiner Entfaltung unangemessen gedrosselt wird. Das geschah zum Beispiel in manchen ganz fortschrittlichen Kommunen, die jeden Besitzanspruch der Kinder verleugneten. Aber auch in einem ganz anderen Milieu, nämlich in strengen Pfarrhäusern, kam so etwas nicht selten vor: in einer viel zu früh einsetzenden und übertriebenen Dressur zum Abgeben, zum Opfern für andere, zur „Selbstlosigkeit", die dem Kleinkind schon eine Haltung abverlangt, die erst beim mündigen Erwachsenen erwartet werden kann. Einen solchen Erziehungsstil hat es auf dem Boden eines spartanischen Spätbürgertums nach preußischem Muster zwischen 1850 und 1950 relativ häufig gegeben, jedenfalls viel öfter als heute. Und er bewirkte denn auch, daß die Menschen, die in dieser Zeit geboren wurden, im allgemeinen sehr viel sparsamer sind als die heutige Jugend – ja daß es unter den Alten heute viele extrem geizige Menschen gibt.

Manche Erziehungsexperimente zogen aus solcher Erfahrung Konsequenzen. So glaubte man doch in Israel in der Kibbuz-Erziehung einen dem Besitz gegenüber unbefangeneren Menschenschlag heranziehen zu können; aber man irrte sich. Gerade die Erfahrungen der Israelis mit ihren Kibbuzzim sind der beste Beweis für die aufgezeigten Gesetzmäßigkeiten des Besitzverhaltens. Der Psychoanalytiker S. Nagler stellte 1969 an solchen in der Kibbuz-Gemeinschaft ohne eigenen Besitz erzogenen Kindern fest, daß sie im Schulalter auffällige Lernschwierigkeiten zeigten, und zwar von einer ganz bestimmten Art: trotz hoher Intelligenz gab es große Probleme beim Rechnen. Durch die unbewußte psychische Blockierung des Besitzstrebens erwächst – auch in unserem Kulturkreis – oft die umgrenzte Schwierigkeit eines Grundschulkindes, das Rechnen zu erlernen. Das ist verblüffend – und doch kann man es verstehen: wenn ein Kind rechnen soll: „Du hast vier Äpfel, zwei nimmt man dir weg, wie viele hast du dann noch?“ – so tritt bei verunsichertem Besitzverhalten eine Sperre auf: Haben, Behalten, Wegnehmen – das sind dann keine objektiven Rechenoperationen, sondern sehr stark subjektiv gefärbte, angstgetönte Situationen. Und wer Angst hat, dem fehlt die innere Ruhe zum Rechnen! Rechnen ist gewissermaßen angewandte Sammeltätigkeit, so können wir jetzt erkennen, und übersteigertes Sammeln ist zugleich primär ein Zeichen von Unsicherheit, nämlich von mangelndem Zutrauen in die eigene Fähigkeit, das Notwendige dann erwerben und verteidigen zu können, wenn man es zu seiner Selbstbehauptung braucht.

Sigmund Freud hat darüber hinaus gefunden, daß Kinder in der Phase der Ein- bis Dreijährigkeit, in der ihr Wille zur Selbstbehauptung mit all seinen Teilbereichen erwacht, selbst die eigenen Ausscheidungen als wertvollen Besitz erlebt. Deshalb kann eine harte und drastische Sauberkeitserziehung die Konstituierung des Ich behindern. Das Kind erlebt, daß es wehrlos der Nötigung zum Abgeben ausgesetzt ist und empfindet sich auf diese Weise an die Fordernden ausgeliefert, statt die Möglichkeit zur Ablösung von ihnen entwickeln zu können. Und weil auf diese Weise der elementare Lebenstrieb – der nach Selbstbehauptung – in einem wichtigen Teilbereich getroffen wird, kommt es als Gegenimpuls zu unbewußten Zurückhaltungstendenzen.

Die Trotzphase der Verweigerung konzentriert sich hier auf ein ganz bestimmtes Objekt: eben auf den Darminhalt, zu dessen „Ablieferung" das Kind zu früh und übermäßig genötigt wird. Es schleift sich dabei eine Form der Selbstbehauptung ein, die das Neinsagen als aggressive Ersatzbefriedigung am ganz unangemessenen Ort, nämlich auf dem „Töpfchen", abmacht. Übernimmt schließlich der Körper selbst diese Einstellung, die das Unbewußte ihm vorschreibt, so kann daraus eine ständige Verstopfung entstehen, also eine hartnäckige psychogene Obstipation, von der ja tatsächlich einige Kinder und auch noch manche Erwachsene geplagt werden. Nicht nur im Darmbereich meldet sich dieser „retentive" Antrieb, wie Schultz-Hencke ihn nannte, übersteigert mit Recht an. Oft entsteht ganz allgemein die heimliche Tendenz, alles behalten, nichts wieder hergeben zu wollen. Das hat weitreichende Folgen für das gesamte Verhalten; denn wenn ein Mensch unbewußt dauernd vermeiden will, etwas herzugeben, wenn er unter ständiger Verlustangst steht, wird er schließlich kaum mehr spontan handeln können, wird nur noch unter Widerstand sprechen und sich bewegen.

Selbst der glatte Ablauf des Sprechenlernens ist in solchen Fällen manchmal behindert. Der derart überforderte Mensch wird zurückhaltend schweigsam, oft beginnt er zu stottern oder bekommt Atemstörungen. Auch die Bewegungen werden verkrampft und linkisch, die Freude am Lebensgenuß wird durch übertriebene Sparsamkeit, durch Geiz, eingeengt, und die seelische Verletzlichkeit an der gleichsam wundgescheuerten Stelle wird enorm: kleine Geldverluste, ja schon ein zerbrochener Teller oder die kürzeste Trennung von einem Menschen können als verzweifelte Not empfunden werden.

Wäre es nicht so traurig, dann klänge es fast wie ein Witz, daß der frühkindliche Machtkampf auf dem „Töpfchen" der Anlaß für solche späteren Nöte des Erwachsenenlebens sein kann. Aber es ist kein Witz, sondern im Gegenteil: es ist der ganze Ernst der unabwendbaren biologischen Gesetzmäßigkeit, daß ein Entwicklungsfehler oder eine Entfaltungshemmung umso tiefer sitzt und umso nachhaltiger wirkt, je früher im Leben der Schaden eintritt. Eine rigorose Unterdrückung des Besitzbedürfnisses des Kindes findet allerdings im Zeitalter der Pamperswindeln seltener bei der Sauberkeitsgewöhnung, häufiger durch Unterdrückung des Eigenwillens statt.

Dadurch kann die fröhliche, weltzugewandte Haltung eines Kindes verkümmern und schließlich zur Karrikatur entarten: zum einsamen Alten, in dessen Wohnung es kalt und dunkel ist, weil er nicht in der Lage ist, Heizung und Licht an sich und sein Leben zu „verschwenden" – zum Hagestolz, der nie heiratet, weil das Alleinsein billiger ist und weil die Frau, die er miterhalten müßte, vielleicht sogar Kinder bekommen könnte, die wiederum blutsaugerische Ansprüche stellen könnten.

Charles Dickens hat in seinem „Weihnachtsmärchen" einen

solchen Menschenverächter sehr treffend geschildert: Ebenezer Scrooge, den Mann mit dem steinernen Herzen, dessen Wahlspruch war: „Dunkelheit ist billig!“

Aber auch wenn es so weit nicht kommt – die Einsamkeit dessen, der nicht abgeben kann, ist gelegentlich noch heute in mancher Kinderschar zu beobachten. Wie ausgeschlossen, wie kalt und verzweifelt ist doch die Lage so eines Kleinen, der seine Bonbontüte an sich klammert, um nur ja nichts abzugeben – und der gerade dadurch alle Freude verliert. Da bleibt dann nichts anderes übrig, als das Gute vor den anderen zu verstecken und es dann heimlich in einem stillen Winkel rasch herunterzuwürgen – wobei es vermutlich noch nicht einmal gut schmeckt, weil es mit schlechtem Gewissen gewürzt ist. Bei manchen Herdentieren ist dies die probate Methode für das unterlegene Einzeltier, das unverhofft an einen guten Brocken gerät.

Auch Menschen, die in ihrem Besitztrieb verunsichert sind und ein Bedürfnis nach dem Behalten zeigen, haben oft lebenslänglich eine suchtartige Lust am Verheimlichen. Der Heimlichtuer, der Bettler, in dessen Hinterlassenschaft man dann große Geldsummen findet – verborgen unter seinem Bett oder auch zeitlebens ängstlich in der Tasche aufbewahrt –, sein Selbstbehauptungstrieb findet so ein Stück exklusiver Befriedigung.

Dieser Typ ist übrigens auch bei hochgelehrten Wissenschaftlern nicht allzu selten: Da gibt es den Verheimlicher, der das, was er weiß, nicht hergeben will, der immerfort fürchtet, von bösen Kollegen geistig beraubt zu werden und der daher seine unveröffentlichten Erkenntnisse im Tresor verschließt. – Die übertriebene oder gar verabsolutierte Retention ist also wie die böse Aggression eine Übersteigerung des natürlichen Bedürfnisses, das Leben zu schützen, zu sichern und zu behaupten. Ein Unmaß davon ist also immer zugleich ein Zeichen von Schwäche.

Freilich vermehren sich durch diese Art von „Schwäche" die Spannungen in der Welt der Erwachsenen beträchtlich. Denn der bedürfnislose Geizhals ist schließlich nur scheinbar genügsam, in Wirklichkeit ist er geradezu besessen von seinem Besitzstreben. Materieller Besitz wird für ihn in unangemessener Weise zum höchsten Wert. Zahlen – Börsenkurse, Aktienindices – in ihrer Eigenschaft, Besitzmengen auszudrücken, bekommen für solche Menschen eine geradezu magische Anziehungskraft. Besitz aber muß nicht nur abgesichert und verteidigt, er muß auch vermehrt werden, manchmal in rauschartigen Anfällen von Gier, die dann Einbrüche in die Besitzsphäre anderer zur Folge haben. Die Ich-Schwäche der Habenichtsstimmung ist also die Bruchstelle zum neidischen Raub, zum Überfall auf den anderen oder doch zumindest zum heimlichen Plan, den anderen das ihre abzunehmen. Auf solcher psychischen Unausgeglichenheit wächst eine Ideologie des Neides, die geradezu fasziniert ist von dem Gedanken, anderen etwas abzunehmen, andere zu enteignen. Mit dem humanitären Prinzip der Gerechtigkeit hat also das Handeln gewalttätiger Revolutionäre und Systemveränderer, Invasoren und Konquistadoren selten zu tun, auch wenn es als ihr Motiv so beharrlich verkündet wird.

Der irreale Charakter neidbesetzter Habenichtsgefühle aber kann oft vom einzelnen gar nicht erkannt werden, da er in einem innerseelischen Prozeß der Scheinmotivation in mehr oder weniger beliebige äußere Verhältnisse hineinprojiziert wird. Ein unausgeglichener innerer Drang rührt aus einer Erstverletzung der kindlichen Seele, an die keine Erinnerung mehr besteht, und solche kindlichen Frustrationserlebnisse können in armen Elternhäusern ebenso gemacht werden wie in reichen. Sie sind so gefährlich, weil sie sich in einer Zeit ereigneten, in der das Kind noch keinerlei Bewußtheit über diese Zusammenhänge hatte. Denn der Besitz-Bereich des Selbstbehauptungstriebes wurde im Stadium seiner ersten Entfaltung gedrosselt.

Wir können also feststellen: Die unausgeglichene seelische Haltung gegenüber dem Besitz und dem Besitzstreben macht die Welt im kleinen und im großen zu einem Feld von Spannungen und Problemen der Revierverteidigung, der Abgrenzung und des In-die-Schranken-Weisens anderer. Wer dabei wen ausbeutet, wessen Lebensrecht durch den anderen bedroht wird, das läßt sich schließlich in der gegenseitigen Verfilzung von heimlichen Drängen und „offiziellen" Motivationen kaum noch eindeutig feststellen – wie es unser trivialer „Ehekrach" am Beginn des Kapitels zeigte. Und trotzdem kann in dieser Lage auf angemessene Besitzverteidigung nicht verzichtet werden; denn häufig genug ist die Existenz des einen durch den anderen nicht nur scheinbar, sondern in aller Realität gefährdet. Das gilt auch für die große Politik: der Zusammenbruch einer bewußt aggressionsfreien, pazifistischen Landespolitik kann sehr schnell erfolgen; denn das Unvermögen zur eigenen Verteidigung stellt für die Nachbarn eine geradezu dranghafte Verlockung zur Invasion dar.

Die großen Territoriumskämpfe der Weltgeschichte sind zum Teil nach den gleichen biologischen Gesetzen abgelaufen, die auch für die innerartlichen Kämpfe von Tieren gelten. Denn überall im Tierreich gilt die Regel, daß der Stärkere das Territorium des schwächeren, kranken oder aus anderen Gründen verteidigungsunfähigen Nachbarn einnimmt. Kommt zum Gefühl der eigenen Stärke bei den Völkern noch der Druck eines nicht ausreichenden Lebensraumes und der Hunger hinzu, so bietet sich in unserer menschlichen Geschichte stets das gleiche, ganz biologische Bild: raubend und mordend sind die Invasoren in die Länder der Nachbarn eingebrochen.

Aber diese totale Aggression der Vernichtung und Ausrottung ist nicht bei den Tieren das Übliche – sie ist „menschlich-allzumenschlich"! Die innerartliche Aggression der Tiere dagegen verläuft stets nach starren, erblich festgelegten Regeln, die solchen Auseinandersetzungen einen fast „sportlichen"

Charakter verleihen. Es wird nicht unter die Gürtellinie geschlagen, sondern ein strenges Ritual kanalisiert bei jeder Art neu die möglichen Formen der aggressiven Machtkämpfe, so daß zwar der Stärkere zuverlässig ermittelt wird, der Schwächere aber trotzdem am Leben bleibt. Der „faire" Kampf, die Schonung des Unterlegenen – alles das also, was wir als Menschen bei Spiel und Sport beachten, aber allzu leicht vergessen, wenn es einmal ernst wird –, das gilt für die Tiere unter Artgenossen auch bei allem Ernst der Auseinandersetzung. Fast könnte man sagen: die Tiere sind viel moralischer in ihrem Handeln als wir, wenn man bei Tieren von Moral sprechen könnte. Das aber wäre unzulässig; denn sie handeln eben nur „moral-analog" – das heißt äußerlich ähnlich unserem moralischen Handeln, innerlich aber damit keineswegs vergleichbar; denn sie *handeln* überhaupt nicht in unserem Sinne als sich frei entscheidende Vernunftwesen, sondern „es" handelt in ihnen. Dieses Es aber – eben die erblichen Strukturen des artgemäßen Verhaltensinventars – ist mächtiger als ihre Individualität, es wirkt durch sie hindurch, oder – wie es Immanuel Kant einmal ausdrückte – in den Instinkten handelt Gott. Das gälte dann zwar auch für uns und unsere Instinkte, aber über unserem Es steht unser Ich – und da sind wir Freigelassene zu eigenem Handeln.

An die Stelle der Gesetze des „Es" – eben der Instinkte – tritt nun beim Menschen ein neuer, von seinem „Ich" geschaffener gesetzlicher Überbau: es sind die menschlichen Gesetze, mit denen wir Eigentum schützen und Hausfriedensbruch und andere Formen der unmoralischen Aggression unter Strafe stellen. Ebenso gilt es für unseren menschlichen Staat als legitimes Recht, ja, als Pflicht gegenüber seinen Bürgern, die Grenzen mit Waffengewalt gegen Invasoren zu schützen und so sein Territorium zu verteidigen.

Im Zeitalter der Kernwaffen und Raketen wird dieses Naturrecht des Staates freilich zunehmend absurder. An die Stelle einer Überlegenheit an Menschen, an Kraft des Engagements und an Bereitschaft zu opferbereitem Einsatz – alles das also doch noch biologischer Ausdruck von Stärke und gesundem Verteidigungswillen, wie es die Hörner und Geweihe, die Zähne und Klauen der Tiere auch sind – tritt hier die Perfektion der Vernichtungstechnik, die widernatürliche Infamie der ABC-Waffen, der Druck auf den roten Knopf, der irgendwo in einem unterirdischen Bunker einen einzelnen zum Vernichter von Millionen machen kann. Deshalb sind wir Menschen heute in dieser Hinsicht hilfloser als jedes Tier, das auf seine natürlichen Verteidigungswaffen angewiesen und auf diese zugleich eingeschränkt ist. Das Tier hat die zum Umgang mit seinen Waffen notwendigen Instinkte – seine „moralanaloge“ Tötungshemmung funktioniert. Aber es gibt keinen Instinkt, der uns mit der Kraft eines Naturgesetzes hindern würde, einen Finger krumm zu machen, der am Abzug eines Maschinengewehrs liegt, oder auf einen Knopf zu drücken, der in vielen Kilometern Entfernung die Atombombe startet.

Wir brauchen also dringend feste und unverrückbare „Spielregeln“ für Verteidigung und Angriff, wir müssen uns gewissermaßen selbst einen kulturellen Instinkt für Tötungshemmung anerziehen, der mit unserer Technik Schritt hält, wenn wir nicht binnen kurzem in den Prozeß hineingeraten wollen, den man die „Selbstabschaffung des Menschen“ genannt hat. Wir brauchen neue Formen der gegenseitigen Beaufsichtigung durch vertragliche Regelungen und übernationale Aufsichtsorgane.

Das ist sicher nur zu schaffen, wenn im Streitfall vertragliche Regelungen mit Hilfe überparteilicher Instanzen erwirkt werden. Deshalb ist es so bitter nötig, das Vertragsbrecher und gewaltsame Invasoren einmütig und weltweit der Verurteilung der einmütigen Ablehnung verfallen. Wir haben keine Chance zu überleben, wenn wir uns selbst und unsere Kinder nicht entschlossen zu einer solchen Einmütigkeit in der Ablehnung von Gewalt erziehen. Das bedeutet nicht nur eine Aufgabe für Erzieher und Politiker, sondern vor allem eine hohe Verantwortung für alle Journalisten und „Meinungsmacher". Wir alle haben in letzter Zeit erlebt, wie sehr es an dieser Solidarität in den Massenmedien doch fehlt, wie sehr parteiliches Vertuschen hier und parteiliches Aufbauschen dort gegen die klare Notwendigkeit der überparteilichen Ablehnung *jeder* unangemessenen Gewalt verstößt.

Wir haben auch erlebt, wie der Triumph des Faustrechts einen ganzen Staat erpressen und in die Knie zwingen kann. Jeder kann sich heute vorstellen, daß einem Sieg der Brutalität über die Humanität schließlich die letzte Katastrophe folgen könnte: eine Vernichtung der ganzen Welt durch Kernwaffen. Man braucht sich nur mit Karl Steinbuch einmal auszumalen, was geschähe, wenn der nächste Trupp entschlossener Anarchisten irgendwo in der Welt eine Atombombe zur Erpressung einer Regierung einsetzt.

Alle solchen Auseinandersetzungen *müssen* aus dem Schlachtfeld in den Konferenzsaal verlegt werden, um uns von der bösen Perversion des Besitz- und Machttriebes zu bewahren. Je mehr Freiheit wir uns gönnen, je mehr Rechte wir uns zubilligen, um so mehr brauchen wir anstelle der physischen Gewalt die geistige Auseinandersetzung und die vertraglichen Regelungen, in denen der Besitzstand gewahrt wird. Und das gilt nicht nur im großen – für die politischen Gruppen und Kräfte dieser Welt. Es gilt für jeden einzelnen, der mit seinem ganz persönlichen Machtanspruch in seiner privaten Umwelt jederzeit zum Gefahrenherd einer möglichen Perversion menschlicher Ansprüche werden kann.

Keiner von uns ist darüber erhaben. Im Grunde brauchte jedes Ehepaar eine partnerschaftliche Vertragsregelung, die gewährleistet, daß jeder von beiden sein Territorium, seinen abgesteckten Bereich, seine Zone der Selbstbehauptung hat.

Es ist unsinnig wenig, was in dieser Hinsicht zur Zeit gesetzlich festgelegt ist, obwohl wir doch im Zeitalter der Emanzipation mehr denn je den Schutz solcher Abmachungen brauchten, um uns nicht gegenseitig zu verwunden. Es sollte zum Beispiel nicht der Willkür der Ehemänner überlassen bleiben, wieviel Geld zum persönlichen Verbrauch der Ehefrau vom Verdienst des Mannes zusteht. Aber vielleicht wären unsere Gerichte mit Privatklagen zwischen Eheleuten, die sich um ihren Anteil streiten, dann überfüllt. Gesetze sind letztlich zu starr, um der Wirklichkeit einer ehelichen Schicksalsgemeinschaft gerecht werden zu können – die Liebe wird da immer der bessere Gesetzgeber sein.

Dennoch: all unsere irrationalen Unausgeglichenheiten, von denen eben deutlich genug die Rede war, zeigen uns, wie leicht die Liebe, wie leicht auch die Vernunft auf der Strecke bleiben, wenn wir nicht demütig und selbstkritisch genug sind, um die Notwendigkeit klarer, festgelegter Regelungen zu erkennen. Gerade in diesem Schutzraum gegenseitiger Abgrenzung entsteht doch überhaupt erst der Spielraum für das friedliche Aufblühen und Erhaltenbleiben der Liebe. Der Besitztrieb des Menschen ist, weil er eine lebensnotwendige Funktion hat, eben nicht einfach mit der Liebesforderung aus der Welt zu schaffen; denn der Befehl „Sei lieb!“ beinhaltet ja oft ganz einseitig die Forderung „Gib mir alles, was du hast, ich kann das alles gebrauchen, und noch mehr, als du hast!“ – Diese Forderung entsteht häufig aus verschlingungsbereitem Egoismus, der dem Ausgebeuteten seine eigenen Lebensmöglichkeiten nimmt und die Existenz des liebenden Elements in der Schöpfung bald zum Verschwinden brächte. Deshalb ist die Anerkennung des biologischen Lebensrechts für jedermann die Voraussetzung dafür, daß Menschlicheres geschehen kann in der Welt als nur der Kampf ums Dasein.

Viel ließe sich vor allem durch bewußte Erziehung tun, damit die überschießend irrealen Dränge nicht den konstruktiven Frieden und die konstruktiv menschenwürdige Auseinandersetzung schädigend stören können. Jedes Kind müßte also bereits seinen kleinen Lebensraum, seine kleinen Besitzrechte haben. Und viel könnte uns hier auch die Moral der Naturvölker helfen, bei denen diese Zusammenhänge oft noch ganz deutlich sind. So ist bei den Sioux-Indianern ein Ehepaar verfemt, wenn es öfter als in drei- bis vierjährigem Abstand ein Kind in die Welt setzt. Man weiß dort, daß ein zu kurzer Abstand der Geburten das Nest zu eng macht und so die Lebensrechte des einzelnen Kindes gerade in den wichtigen, prägenden Anfangsstadien seiner Entwicklung zu sehr geschmälert werden könnten. Ein Kind, das seinem älteren Geschwister zu früh folgte, wird mit einem Schimpfnamen belegt, der etwa „Räuber, Dieb“ bedeutet – denn es stiehlt seinem älteren Geschwister tatsächlich etwas: eben die Chance zu unverkrampfter Entfaltung der eigenen Besitzrechte an der Mutter und damit ein Stück notwendigen Start ins Leben.

Der zu enge Abstand zwischen den Geburten macht Kinder oft lebenslang zu übermäßigen Verteidigern ihrer Lebensrechte. Sie haben fortwährend das Gefühl, daß ihnen etwas streitig gemacht wird – die Geschwisterrivalität bleibt auch im Erwachsenenalter ein Hauptmotiv ihres Denkens und Handelns. Sie entwickeln so ein enormes Durchsetzungsvermögen, oft aber auch rücksichtslose Ellenbogenmanieren und eine lieblose Gier.

Wissen über solche Zusammenhänge brauchten wir nicht nur in der Familienerziehung, es müßte auch Konsequenzen für den Erziehungsstil in Kindergarten und Schule haben; denn eine Kindergartenerziehung, die zu früh einsetzt und eine zu große Kinderschar über täglich längere Zeit bewältigen will, kann Programmierung zu dauerhafter Territoriums-Streitsucht bedeuten. Auch der Besitztrieb bedarf in seiner ersten

Entfaltungsphase dringend einer absättigenden Befriedigung durch die Gewährung von ausreichendem Eigenbesitz und Lebensraum. Daher wurden eben die Kommune-Kinder, denen man beides verwehrte, *nicht* zu freundlich-verständnisvollen Erwachsenen, denen Geben mehr ist als Nehmen. Nur ein anfängliches Sattwerden in der Kleinkinderzeit kann jene ausgeglichene Stimmungslage im Erwachsenenalter hervorrufen, in der dann der Mensch in der Lage ist, mit Gelassenheit zu sagen: „Was gibt es doch alles, das ich nicht brauche!"

Umgekehrt ist dann der Drang zu wahllosem Konsum, den wir heute so weit verbreitet sehen, ein Ausdruck für unnatürlich übersteigerte Bedürfnisse nach dem *Haben*; denn die gesunde Anspruchslosigkeit, nicht die krankhaft gehemmte, wächst auf dem Boden einer Reifungsmöglichkeit, die von einer vitalen Zufriedenheit ihren Ausgang nimmt. Sich selbst genug sein, ja, sich so reich zu fühlen, daß das Abgeben leicht fällt, bedarf der Vorbereitung im Kindesalter, die im Einklang steht mit den biologischen Bedürfnissen des Kindes.

Aggression und Rangordnung

Es gibt einen Bereich des Selbstbehauptungstriebes, den wir bisher noch nicht erwähnt haben, obwohl gerade in ihm der Instinkt seine großen Feste feiert: das ist die „Hackordnung", wie wir es auf dem Hühnerhof nennen: die abgestufte Reihenfolge des Hackens und Gehacktwerdens. Auch jeder Mensch – wenn er nicht ein einsiedlerischer Robinson ist – steht irgendwo in einer solchen Hühnerhof-Hierarchie und weiß daher auch aus eigener Erfahrung, wie mächtig der dazugehörige peinliche Radfahrerinstinkt in ihm lebt: „Nach oben buckeln und nach unten treten!" Es ist ein Instinkt, den ein Wolf, ein Affe und auch ein Huhn haben müssen, um durchs Leben zu kommen und in der Sozietät einen Platz einzunehmen – und er ist in uns ebenfalls deutlich spürbar angelegt.

Aber nur der Mensch kann sich dieses Instinktes schämen – er ist vielleicht nie so sehr Mensch als dann, wenn er sich solcher Regungen schämt. Und dennoch ist diese Hackordnung im Tierreich eine Erscheinung, die ihren biologisch guten Sinn hat: wenn der Stärkste führt, ist die Überlebenschance der ganze Gruppe am ehesten gewährleistet.

Es gibt bei den Tieren schließlich nur diese eine Dimension: der Stärkere ist auch der Bessere, der Gesündere. Daß bei uns nicht mehr das Faustrecht gilt, daß nicht mehr der größte Muskelmann automatisch das Regiment führt, ist eben eine Sonderheit unserer Art, die mit den neuen Dimensionen zusammenhängt, in die uns unsere geistige Entwicklung führte. Auch bei uns gibt es durchaus noch eine zweckmäßige Rangordnung, eine sinnvolle Hierarchie – wenn sie auch nicht mehr alleine von der Muskelkraft abhängt. Eine gut geführte Gruppe von Menschen wird zu besserer Bewältigung ihrer Aufgaben in der Lage sein als eine schlecht oder gar nicht geführte Gruppe. Mir scheint es dringend nötig, daß man eine solche schlichte Tatsache wieder vorurteilsfrei anerkennt; denn manche ideologischen Vereinfacher haben uns in diesem Bereich die Unterscheidung zwischen gutem Brauch und bösem Mißbrauch vernebelt. Wer „oben“ ist, wird heute rasch als Ausbeuter verteufelt oder zumindest mißtrauisch beäugt, ob er nicht andere unterdrücken will. Das mag auch manchmal so sein; aber wo es so ist, herrscht Mißbrauch des Amtes, das gewiß nicht dazu da ist, andere zu treten und zum Buckeln zu nötigen und auszunutzen. Aber es ist doch nicht immer und überall so – Rangordnungen haben auch beim Menschen im Grunde einen gruppenerhaltenden Sinn!

Bei den Affen ist das jedenfalls klar. Dort hat sich kein Ideologe etwas ersonnen, sondern es hat sich vor dem streng objektiven Gerichtshof der Selektion so bewährt. Wer an der Spitze der Gruppe steht, hat gewisse Vorrechte: er darf als erster an die Bananen und an die Weibchen. Aber er hat klare Konsequenzen zu ziehen; denn er muß auch als erster an den Feind. Das ist die Kehrseite: er muß seinen eigenen Flucht- und Selbsterhaltungsinstinkt zügeln können, sonst verliert er seinen hohen Rang. Es gibt also natürliche Gesellschaftsstrukturen bei den in Gruppen lebenden höheren Tieren, es gibt den Oberaffen und den Unteraffen, und es gibt zwischen Alpha- und Omega-Tier eine ganze Skala von Rangplätzen, die man jeweils nicht zufällig findet oder gar erbt, sondern die man sich erwerben muß. Allerdings gibt es dabei manchmal auch Startvorteile ohne eigenen Verdienst. So hat in einem Hirschrudel das Kalb der obersten Hirschkuh – also der Hauptfrau des Platzhirsches – von vornherein einen höheren Rang als das Kalb einer Nebenfrau. Ein wenig „menschelt“ es also auch dort: es gibt angeborene Privilegien, Chancen-*Ungleichheit*, schon bei den Herdentieren, das steht fest. Und es gibt darüber hinaus in manchen Fällen sogar den Erwerb einer „gesellschaftlichen Stellung“ durch Einheiraten! So nimmt zum Beispiel bei den Dohlen das zunächst rangniedrigere Weibchen nach der Paarung an dem höheren Rang ihres männlichen Partners teil. Konrad Lorenz hat sehr amüsant berichtet, daß es geradezu peinlich sei zu beobachten, wie solche durch Heirat hochgekommene Dohlenweibchen sich gegenüber ihren ehemaligen Standesgenossinnen benähmen: so hochnäsig, so hochschnäbelig!

Nun, das ist eine extreme Ausnahme; aber soviel gilt allgemein für tierische Hierarchie: einer steht an der Spitze, die anderen sind ihm untergeordnet, meist in abgestufter Rangfolge. Jeder Rang in dieser Hierarchie muß errungen und gegen Herausforderer verteidigt werden. Es entsteht dabei im altersmäßigen Wechsel der Positionen ein Organismus höherer Ordnung, nämlich ein arbeitsteiliger Verband mit optimaler Wirksamkeit gegenüber der Umwelt. Die Tierverhaltensforschung kann hier eine wertvolle Orientierungshilfe geben; denn diese Gesellschaftsordnungen mit unterschiedlicher Ranghöhe haben sich bei den Tieren bewährt, und zwar besonders bei den höheren Tieren, die in einem gewissen Umfang ihre Umwelt bewältigen und sich durch die Arbeitsteilung als flexibel und dem Schwarm Gleichartiger als überlegen erwiesen haben. So dürfte also diese Hierarchie auch für den Menschen zunächst einmal eine natürliche Gegebenheit darstellen – ja, eine vorteilhafte biologische Ausgangssituation.

Allerdings genügt sie noch nicht allein. Denn auch das, was aus dieser biologischen Ausgangssituation an spezifisch Menschlichem erwächst, bedarf weiterhin der strukturierten Ungleichartigkeit. Die *Sprache*, vielleicht das wesentlichste Merkmal des Menschen, wird in dem Maße notwendig, wie sie die Verschiedenartigkeit der Ränge und Aufgaben unter den Mitgliedern der Gruppe erfordert. Die Möglichkeit der Aufsplitterung der Gruppe in unterscheidbare Mitglieder unterschiedlicher Funktion läßt nun erst oberhalb der Ebene der Art – oberhalb der Uniformität des Heringsschwarmes – den einzelnen entstehen. Indem er sich aggressiv von den anderen absetzt und seinen Rang in der Hierarchie einnimmt, wird er zum eigenen Selbst, zur Person.

Es deutet sich schon bei den höchsten Tiergesellschaften an, was eigentlich erst in vollem Umfang für den Menschen gilt: „Höchstes Glück der Erdenkinder ist doch die Persönlichkeit." – Die Andeutung solcher Persönlichkeiten gibt es sogar schon bei Tieren. Jeder Hundefreund ist von der Individualität seines Lieblings überzeugt und wird mit Geschichten aufwarten können, die „typisch" für seinen „Waldi" sind. Doch muß man hier berücksichtigen, daß ein Hund auf seinen Herrn derartig geprägt ist, daß er eigentlich nur das ausführende – und ins Hundemäßige übersetzende – Organ einer Individualität ist, die aus ihm *und* seinem Herrn gemeinsam besteht. Aber die Beobachtungen von Jane Goodall an freilebenden Schimpansen haben doch den Beweis erbracht, daß in einer Affenherde das Einzeltier schon deutlich Züge der Personalität trägt, also gewissermaßen einen „Charakter" hat. Das geht so weit, daß einzelne Mitglieder der Gesellschaft, wenn sie sterben und ausfallen, „im Geiste" weiter mitgeführt werden, so daß z. B. ein rangniedrigeres Männchen Respekt der Gruppe – als Sozialprestige – genießt, das aus der früheren Freundschaft mit einem inzwischen verstorbenen ranghohen Affen überdauert. Es gibt also schon im Vorfeld des Menschen, bei den höchstentwickelten Tiergestalten, so etwas wie Personalität.

Für die Belange des Menschen sind diese Erkenntnisse darum wertvoll, weil wir heute unsicher geworden sind. Soziale Hierarchisierungen erscheinen uns suspekt und werden oft als unnatürlich verstanden. Dabei ist das eigentliche Motiv solcher Kritik oft der Neid – und darum gerade eine frustrierte Aggression etwa des Besitzens oder der eigenen Stellung. Von der

Biologie können wir um die wichtige und unverzichtbare Rolle einer Hierarchisierung lernen. Wir kennen den Ärger darüber, daß es Unterprivilegierte gibt, oder – noch schlimmer – ohne eigenen Verdienst hochgestiegene Dohlenweibchen, die sich Privilegien herausnehmen. Viele Menschen sind heute ärgerlich darüber, daß es gesellschaftliche Stufungen gibt; aber sie sind nicht ärgerlich, wenn sie selbst auf diese Weise zu Ansehen, Auto und Goldschmuck kommen. Hingegen sind sie empört, wenn sie feststellen, daß andere dies alles haben. Aus solchen Gefühlen wird dann stets der Ruf nach mehr menschlicher Gerechtigkeit wach – und hier wird dann häufig das Kind mit dem Bade ausgeschüttet. Man bemüht sich dann mit ideologischem Eifer um absolute Gleichartigkeit der Chancen, wo es doch darauf ankäme, die Gleich*wertigkeit* menschlicher Existenz vor dem Hintergrund unserer Ungleich*artigkeit* zu erkennen. Natürlich erfordert es die Mitmenschlichkeit, daß jeder von uns die Chance erhält, aus sich das Bestmögliche zu machen. Durch das Egalitätsprinzip hingegen geraten wir in die Gefahr, Fehlentwicklungen einzuleiten.

Gewiß bedürfte es weiterer Überlegungen, wieweit auch komplexe kulturelle Gebilde diese als ihre notwendige Voraussetzung haben, aber es soll hier genügen, darauf zu verweisen, wieviel dafür spricht: Gerade weil es unsere menschliche Natur ist, unseren Platz in Rangordnungen zu finden, gründen egalitäre Gesellschaftsmodelle auf falschen Anthropologien und erweisen sich als Ideologien.

Das eindrucksvollste Beispiel dafür sind unsere „Kinderläden" gewesen. Die Kinder waren dort völlig gleichgestellt, sie konnten machen, was sie wollten; denn kein Erwachsener, kein Privilegierter, hatte ihnen etwas zu verbieten. Dann zeigte sich aber regelmäßig, daß die Kinder selbst nach Hühnerhof-Manier bald eine eigene Hackordnung herstellten und damit doch genau die hierarchische Grundstruktur aufbauten, die ihnen die Erwachsenen vorenthielten. Es liegt also im Menschen der gesunde Antrieb vor, Hierarchien herzustellen und seinen jeweiligen Platz in ihnen zu erhalten, und wir müssen von der Tierverhaltensforschung wieder neu lernen, daß es nicht nur Mißbrauch von Autorität gibt – die wir allerdings bei uns Menschen abschaffen sollten –, sondern daß die Autorität auch eine gesunde Funktion im Leben des Menschen hat. Sie schützt nämlich die Schwachen, die Alten, Kranken und Unmündigen vor Gefahren, denen sie nur im Gruppenverband entgehen können.

Diese gesunde hierarchische Struktur ist auch bei Erwachsenen noch voll leistungsfähig. Nicht nur in Kinderläden, sondern auch überall, wo eine Gruppe Erwachsener zusammengewürfelt wird, bilden sich hierarchische Strukturen heraus. Es gibt immer bald die autoritäre Kraft einzelner, der sich andere mit gutem Anpassungsvermögen schnell unterordnen. Natürlich müssen die adäquaten Kriterien für eine hohe Stellung in der Hierarchie bestimmt werden. Bei allem darf nicht die Gleich*wertigkeit* vergessen werden.

An solchen Fällen läßt sich zeigen, daß die gesunde Hierarchie etwas zu tun hat mit der positiven Funktion der Aggression. Wo sie fehlt – nämlich zum Beispiel bei aggressionsgehemmten Menschen –, wird oft die erhoffte Stellung in der Stufenleiter des Berufs – der Oberamtmann, der Hauptmann, der Obermeister – nicht erreicht. Solche Menschen lassen sich eben in die Ecke drängen, sie haben nicht das notwendige Durchstehvermögen – was nicht einfach nur brutale Kraft der Ellenbogen bedeutet, sondern auch echte Standfestigkeit auf dem eigenen Posten und echtes, berechtigtes Selbstvertrauen. Sie leiden dann, weil sie ihre Begabungen nicht voll entfalten können und weil sie sich mehr gefallen lassen, als sie eigentlich möchten – sie versäumen es, ihr gutes Recht geltend zu machen, sich ins rechte Licht zu setzen und „hier" zu rufen, wenn das Schicksal seine Güter austeilt. Und so tragisch das für den einzelnen sein kann, so ist es doch in Hinblick auf das Wohl der Gruppe im ganzen durchaus richtig so; denn ohne ein gesundes und belastungsfähiges Selbstgefühl des Verantwortlichen ist die Führung einer Gruppe von Menschen nicht möglich.

Bei Tieren haben wir weitgehend gesunde Verhältnisse, die beim Menschen in Hinblick auf die Entfaltung biologischer Antriebe nicht mehr selbstverständlich sind. Ein Tier, das in normaler Umgebung und unter normalen Bedingungen der Wildbahn aufgewachsen ist, hat eben keine Aggressionshemmung im Sinne einer Verhaltensstörung, sondern es erwirbt im Verlauf seiner Entwicklung die ausreichende Erfahrung zum angemessenen Umgang mit Autoritäten. Es respektiert sie nämlich genau in dem Maße, in dem Respekt berechtigt ist: weil sie – und solange sie – stärker sind als es selbst. Und es wird jede sich bietende Gelegenheit benutzen, die Berechtigung des Respekts – und damit den eigenen Rang innerhalb der Hierarchie – zu überprüfen und dabei die eigene Stellung zu verbessern. Das Streben danach und die Mittel dazu gehören zum artgemäßen Inventar – und so wird gekratzt, gebissen, gestoßen und die der jeweiligen Kräfteverteilung entsprechende Hackordnung hergestellt.

Das heißt allerdings, daß ein Teil der Lebensenergie ständig auf diese Hackordnung verwendet wird und daß somit Kraft verbraucht wird – daß es Anstrengung kostet, seinen Platz zu erwerben, zu behaupten oder gar zu verbessern. Denn es gilt, den erworbenen Platz ständig zu behaupten oder zu verbessern. „Ich bin der Oberaffe – merken Sie sich das!“ – das ist es doch, was der ranghohe Pavian auf seinem Felsen jedem jungen Affen-Schnösel jederzeit deutlich zu machen hat. Es ist das gleiche Verhalten, das in unserer menschlichen Gesellschaft der Oberamtmann dem Amtmann gegenüber und der Oberfeldwebel gegenüber dem Feldwebel zeigt.

Übermäßige Kraft erfordert diese hierarchische Rauferei allerdings nicht; denn sie findet ja nicht immer statt. Wir sprachen schon von den Beschwichtigungsgebärden, mit denen ein Rangniederer in der Tiergesellschaft seine Kräfte schont: wo er den Höheren anerkennt, ihn nicht herausfordert, da findet auch kein Kampf statt. Bei uns Menschen ist das nicht viel anders: Wo der freundliche Gruß – immer hierarchisch von unten nach oben – dem Ranghöheren signalisiert, daß er anerkannt wird, da bleibt der Kampf aus – ja, da kann man sogar gut miteinander leben. Das sieht man vor allem, wenn ein sehr Ranghoher einen sehr Rangniedrigen trifft: da gibt es keine Probleme. Der Leitwolf im Rudel, der mit der „Nummer Zwei" häufig Reibereien hat, ist sehr „leutselig" mit ganz Rangtiefen, besonders mit den Jungwölfen.

Da herrscht dann ein Verhältnis wie zwischen Generaldirektor und jüngstem Stift. Denn auch dies kennen wir aus unseren eigenen Hierarchien nur allzu gut: die ständigen, nervenzerreibenden Herausforderungen und Auseinandersetzungen finden zwischen denen statt, deren Position nur wenig verschieden ist.

In den Hackordnungskämpfen der Geschwisterrivalität findet in unseren Kinderzimmern ständig genau diese biologische Form der Gesellschaftsbildung statt, von der wir hier – als von einer in der Natur notwendigen Äußerungsform der Aggression – sprechen. Und hier erkennen wir auch deutlich, warum ein zu geringer Abstand zwischen Geschwistern – ein zu enges Nest – ernste Probleme für die Kinder mit sich bringt. Die Indianer, von denen eben die Rede war, haben also vollständig recht, wenn sie dafür sorgen, daß drei bis vier Jahre zwischen den Kindern einer Geschwisterreihe liegen. Jedes einzelne Kind kann dann seine eigene Stellung in der Familienhierarchie ungehindert ausbauen und wird dann dem Rangnächsten mit der Gelassenheit gegenüberstehen, die man eben einem wesentlich älteren oder jüngeren Geschwister entgegenbringt.

Aber diese Einsicht nützt natürlich wenig für eine Familie,

die es an der indianischen Weisheit hat mangeln lassen: da sitzen nun einmal die Kinder hierarchisch eng beieinander, und da sind nun eben diese ständigen Reibereien, die manchen Vater an den Rand der Verzweiflung bringen – und die Mütter gewiß noch viel mehr; denn Mütter sind doch oft geradezu friedenssüchtig. Zank, Haß, Krieg unter den eigenen Kindern erleben zu müssen, ist hart für jede Frau. Und darum ist es so wichtig zu begreifen, was uns die Verhaltensforschung hier am Beispiel des Hühnerhofes erkennen läßt: daß es nicht Boshaftigkeit, nicht Abartigkeit ist, wenn die in der Rangordnung eng benachbarten Geschwister einer Familie gegeneinander anstänkern, sich etwas am Zeuge zu flicken suchen und sich gegenseitig jeden Vorteil neiden, sondern daß es zunächst einmal der Ausdruck eines höchst gesunden, ja notwendigen Selbstbehauptungswillens ist, wenn ein zweitgeborener Sohn sich mit allen – auch mit unfairen – Mitteln gegen den Erstgeborenen behaupten will, wenn eine jüngere Schwester neidisch auf jede noch so kleine Besonderheit am Kleid der älteren ist.

Damit fände die quälende Frage der um Schlichtung des Geschwisterstreites so unentwegt besorgten Eltern – „Wer hat hier nun recht, wer hat unrecht?“ – eine verblüffende Antwort: Biologisch haben ja immer *beide* Streithähne recht; denn jeder von ihnen vollzieht ein natürliches und notwendiges Bedürfnis, das ihn drängt, in einer hierarchisch ungeklärten Situation klare Verhältnisse herzustellen. Nicht „wer hat denn nun wieder mit dem Streit angefangen?“ ist die entscheidende Frage – sondern sie müßte lauten: Wie können wir als Eltern verhindern, daß permanente Hühnerhof-Atmosphäre unser Familienklima verseucht und so immer neuen Streit aufkommen läßt? Und da gibt es durchaus Möglichkeiten für den Erwachsenen, der diese biologische Grundsituation erkannt hat. Er muß eben *jedes* Kind hin und wieder einmal erfahren, daß es die so erstrebenswerte Stellung des Ersten, des Einzigen erringen kann – besser: daß sie ihm von der Liebe der Eltern her unverlierbar zusteht trotz aller „Konkurrenz" durch die Geschwister.

Allerdings pflegen geplagte Eltern an dieser Stelle einzuwenden: Aber man muß doch gerecht sein und darf niemanden vorziehen! Doch diese sogenannte Gerechtigkeit kann die unmenschlichste Sache von der Welt werden, wenn sie sich als ein Prinzip etabliert, als ein starres Rollenschicksal. „Dies ist nun mal der Älteste, der Kronprinz, der Erbe von Haus und Hof", und „dies ist nun mal die jüngere Tochter – sie hat zu warten, bis ihre ältere Schwester verheiratet ist, dann erst kann sie heiraten".

So haben durch Jahrhunderte solche Prinzipien der „Gerechtigkeit" gelautet, die eben deshalb unmenschlich sind, weil sie keine Chancen lassen – und die dazu auch noch unbiologisch sind, weil sie die Möglichkeit gar nicht mehr vorsehen, durch eigene Kraftanstrengung und Tüchtigkeit schließlich doch noch selbst an die erstrebte Stelle zu geraten.

Wir sollten statt dessen besser jedem Kind einmal die Chance des Kronprinzen einräumen, jeden einmal den Ersten und Einzigen sein lassen. Das muß möglich sein, zumal wir gewöhnlich keine Königreiche zu vererben und keine Prinzessinnen zu verheiraten haben. Und andererseits sollte auch ein Kind aus der Mitte einer Orgelpfeifenfamilie einmal das Glück genießen, ganz allein mit Mutter als deren jüngstes und am zärtlichsten behütetes Nesthäkchen leben zu dürfen. Ein Vater sollte also zum Beispiel immer wieder mit jedem seiner Kinder ganz allein einen Spaziergang machen, eine Mutter es so einrichten, daß jedes ihrer Kinder auch einmal mit ihr zu Hause, in der Küche oder bei einer Besorgung ganz alleine ist. Solche Stunden, Gespräche über die eigenen Probleme oder auch gemeinsames Erlebtes – ein kleiner Ausflug – werden das Kind dann fühlen lassen, daß es um seiner selbst willen von den Eltern angenommen und geliebt wird und sich also nicht erst durch

Kampf mit seinen Geschwistern eine Beachtung zu erringen braucht.

Die Kinder sollten nicht allein durch Belohnung auf Streitvermeidung dressiert werden, sondern sie sollten durch Elternliebe gesättigt werden, so daß sie aus allen Zwängen der Habenichts-Haltung herauswachsen. Liebe als Belohnung ist fragwürdig und führt die Kinder in eine falsche Richtung: Elternliebe darf nicht käuflich sein, darf nicht durch Leistungen errungen werden – sie soll vielmehr von den Kindern erfahren werden als unveräußerlicher Besitz, um den sie eben deshalb nicht zu streiten brauchen, weil sie sie sowieso haben!

Einem Einzelkind ist dieser Besitz noch selbstverständlich – erst wenn es Geschwister bekommt, gerät dieser Alleinbesitz in Gefahr. Diese Gefahr mag eingebildet sein, aber aus ihr entsteht Angst, und diese Angst muß dem Kind von den Eltern genommen werden, sonst ist Geschwisterrivalität und Geschwisterzank unvermeidbar. Und es gibt so viele Wege, wie man einem Kind zeigen kann, daß es auch in einer noch so großen Schar seinen vollen Eigenwert behält. Es ist ja nicht irgendwer, es hat seinen eigenen Namen und sicher auch irgendeine besondere Eigenschaft, die es vor allen anderen auszeichnet und in der es nun auch durch die Eltern und Geschwister bestätigt werden sollte. Wenn man da aufmerksam beobachtet und vielleicht auch hier und da etwas nachhilft, läßt sich bald eine solche Sonderstellung für jedes Kind erringen. Es muß einmal hören dürfen: „Das hast du aber ganz besonders gut gemacht!“, und es darf, wenn das Lob echt verdient ist, auch einmal hören: „Das kannst du von uns allen am besten!“

Anerkennung für jede Leistung, die es verdient, auch schon für den kleinen, den mühsamen ersten Schritt, ist lebensnotwendig für die Kinderseele. Dahinter aber muß die völlige Gewißheit stehen: geliebt werde ich auch *ohne* diese Leistung, die Liebe ist nie bedroht – aber aus Dankbarkeit für diese Liebe möchte ich meinen Eltern eine Freude machen, indem ich etwas Schönes leiste oder indem ich einmal für ein Geschwister auf einen Vorteil verzichte.

Wo es gelingt, ein solches Familienklima herzustellen, da ist allerdings der Hühnerhof und seine Hackordnung überwunden. Und da wäre aus der Überwindung dieser Form von Aggression ein echtes Stück Kultur entstanden. Dennoch dürfen wir von dieser Form der Aggression nicht gering denken – ich meine sogar, wir müssen von unserer Betrachtung der Geschwisterrivalität und ihrer Überwindung in der Familie noch einmal zurück zu den Verhältnissen in der tierischen Hierarchie, um ganz zu begreifen, daß auch für die Erwachsenen und ihre Probleme hier etwas zu lernen ist, und zwar aus der Art, *wie* die Hackordnungskämpfe der Tiere ausgetragen werden.

Bei den Tieren sind die Rangordnungskämpfe nämlich ritualisiert: man tut sich nicht weh, oder zumindest: man tötet sich nicht gegenseitig. Wo kämen wir hin – oder besser: wo kämen die Wölfe hin –, wenn sie die Frage, ob Wolf Nr. 5 auf Platz 4 aufrücken darf, durch einen Kampf auf Leben und Tod entscheiden würden? Es bliebe dann schließlich nur einer übrig, aber ein einsamer Oberwolf kommt nicht weit in dieser Welt. Längst hat sich daher in Jahrtausenden ein festes System eingespielt: man beißt sich zwar, aber man schont sich gegenseitig – das ist gewissermaßen der „Contrat social" der Tiere: ein Wolf beißt den anderen nicht tot, ein Hirsch forkelt den anderen nicht tot, zwei Giftschlangen beißen sich nicht mit ihren Giftzähnen, sondern lassen sie eingeklappt. Man kämpft mit „Komment" – man zieht sich gewissermaßen dicke Boxhandschuhe an.

All das bringen wir Menschen in Spiel und Sport auch fertig. Unsere Kinder schon sind da sehr wachsam. Man darf beim Spielen nicht unfair sein. Aber sowie es ernst wird, kämpfen die Menschen ohne Bandage und unterscheiden sich damit von den Tieren. Denn wir sind offenbar nicht mehr fraglos in den Banden von Ritualen festgebannt. Wir haben zusätzlich zu unseren Instinkten eine ganze Portion Freiheit und können uns auch, unsere Grenzen überschreitend, über diese unsere natürliche Ausstattung hinwegsetzen. Deshalb können die Rangordnungskämpfe bei uns auch gefährlich böse, unmoralische Formen annehmen. Um so mehr braucht der Mensch das Lernen von Spielregeln und Erziehung zur Erfahrung seiner Grenzen, die das hemmungslose Ausdehnen des einzelnen über sein Territorium hinaus verhindern und es möglich machen, daß wir uns als Gemeinschaftswesen miteinander arrangieren.

Deshalb können uns gerade die Tiere, bei denen es aufgrund ihrer fehlenden Freiheit keine gezielte Erziehung zu geben braucht, in bezug auf die Rangordnung gute Orientierung geben. Mißbrauch von Autorität gibt es im Tierreich nicht. Denn Autorität, das heißt Vorgesetztentum, ist dort immer erworben und darum auch biologisch berechtigt. Das stärkste Tier übt die Autorität aus. Aber wenn der stärkste Damhirsch seine Geweihschaufel verliert, ist er augenblicklich entthront, und der Hirsch Nummer zwei übernimmt seinen Rang; erst wenn auch der sein Geweih verloren hat, tritt die alte Ordnung wieder ein. Wer seine Stärke nicht mehr beweisen kann, der wird – wie eine hohle, entlarvte Scheinautorität, weggewischt. Das ist so wie im Boxkampf: Wenn einer Weltmeister ist, muß er am besten boxen können. Und wenn er das dem Herausforderer gegenüber nicht mehr kann, ist er eben nicht mehr Weltmeister. Auch da gibt es also keine falsche Autorität.

Aber es gibt sie bei uns Menschen! Deshalb ist es an sich richtig, daß gerade die Jungen falsche Autorität kritisch hinterfragen, bloßstellen und abschaffen wollen. Es wäre nur falsch und primitiv, wenn man daraus den Schluß zöge, Autorität müßte überhaupt abgeschafft werden. Tiergesellschaften funktionieren nicht ohne Hierarchie. Im menschlichen Leben kommt aber etwas anderes hinzu. Der ganze Bereich der Werte ist überhaupt nur begreifbar, wenn der, der in sie hineinwächst, das Kind also, sie an Wächtern, die vor diesen Werten stehen, kennenlernt. Je stärker der Wächter ist vor einem Wert, um so größer ist dieser Wert.

Wenn unsere Kinder erkennen sollen, daß es Werte gibt, die mehr sind als unser eigenes Wohlergehen, dann müssen sie es an der Autorität eines geliebten Menschen erfahren können. Natürlich läuft das falsch, wenn sie merken: ich darf zwar alles, aber nicht während der Tagesschau sprechen. Wenn das der einzige Wert ist, der über ihre eigenen Ansprüche geht, können sie keine Hierarchie der Werte und kein Streben nach diesen Werten entwickeln. Wenn sie aber erfahren: hier gibt es Werte, über die auch meine so gütige Mutter und mein so liebevoller Vater nicht mit sich spaßen lassen, dann bekommen sie eine Richtschnur für ihr Streben nach dem höchsten Wert. Das Hineinwachsen in diese Werte ist nur über die Autorität möglich. Deshalb haben alle Erziehenden ein Wächteramt. Die Kinder haben einen Anspruch darauf, von uns zu lernen, daß auch mal der Spaß vorbei ist und daß wir ihnen ganz bestimmte Wertungen mitzugeben haben. Kinder müssen die Erfahrung machen können: Es gibt Werte für Mutter und Vater, die sind höher als selbst das gute Einvernehmen mit ihnen. Denn das sind Werte, von denen wir alle, vor allem die Eltern selbst, leben.

Unsere Kinder brauchen so dringend Vorbilder. Eltern sind eigentlich als Stellvertreter Gottes gemeint, um ihn bei ihren Kindern symbolisch ein wenig zu vertreten. Das machen wir Menschen zwar nicht immer ganz richtig; aber es deshalb gar nicht erst zu versuchen, sondern auszuweichen – das nimmt uns alle Chancen, aus dem Affenstall heraus und wirklich vorwärts zu kommen, läßt uns zurückgehen in die „natürlichen“ Zustände, die nicht erstrebenswert sind, läßt uns nicht hineinwachsen in die eigentliche Kultur. Autorität heißt auctoritas, heißt Schöpferkraft; schöpferische Aufgabe als Eltern ist es, den Kindern vorzuleben, daß es Werte gibt.

Gefährliche Aggression

Aus unseren bisherigen Ausführungen ging bereits hervor: Gäbe es nur den gesunden Selbstbehauptungstrieb, so würde es zwar in der Menschenwelt, genau wie in der Natur, weiterhin zu aggressiven Handlungen kommen; aber sie wären konstruktiv sinnvoll der Erhaltung, dem Fortbestand des Menschen und der Schöpfung zugeordnet. Es ist die ***kranke*** Aggression, die Möglichkeit des Menschen, den natürlichen, notwendigen und berechtigten Selbstbehauptungswillen während seiner Entfaltung unwissentlich zu beschädigen, der die vielen zusätzlichen Probleme heraufbeschwört und unser Leben gefährlich werden läßt und es bedroht. Und zwar sind viele Formen von Aggression im Erwachsenenalter keineswegs realitätsgerechte, der Situation entsprechende und daher notwendige Handlungen zur Selbstbehauptung, sondern – und das ist eben das Kennzeichen kranker Aggression – sie sind sinnlos und manchmal sogar existenzgefährdend übersteigert. Überempfindlich reagiert solch ein Mensch auf Geschehnisse, die tatsächlich eines so großen Ausmaßes und solcher Form der Abwehr nicht bedürften, ja diese übersteigerte Abwehr ist meist auch für den Akteur unzweckmäßig. Gelegentlich ist das Reaktive der aggressiven Handlung überhaupt gar nicht mehr erkennbar und keineswegs auf eine derzeitige Bedrohung bezogen. Und dennoch wird die spontane Aggression von dem so Handelnden meist als eine berechtigte Tat, eine berechtigte Vergeltung und Verteidigung empfunden. Solch ein Mensch benimmt sich auf dem Feld der Selbstbehauptung wie ein Verwundeter, der sich gegen eine erneute Verletzung seiner unverheilten Wunde vorsorglich wehrt. Und das ist in der Tat seine, wenn auch ihm selbst unbewußte Situation. Denn er schleppt seine alten Verwundungen immer noch mit sich herum. Die elementaren Antriebe, die in seiner Kindheit nacheinander in Erscheinung traten, sind nämlich im Stadium ihrer Entfaltung beeinträchtigt worden.

Die ersten elementaren Antriebe, die zur Lebenserhaltung und -bewältigung notwendig sind – der Nahrungs-, Bindungs-, Selbstbehauptungs- und Geschlechtstrieb –, gehören zur biologischen Ausstattung aller höheren Lebewesen. Die befriedigende Verwirklichung dieser Antriebe ist daher lebensnotwendig für die Erhaltung des Einzelwesens und seiner Art. Massive Behinderungen in diesen vier Feldern werden deshalb sowohl von Menschen wie von Tieren mit reflexartiger Angst, d.h. mit Flucht- und Abwehrtendenzen, beantwortet. Die durch Angst entstehende Adrenalinausschüttung macht in einem erhöhten Maße blitzschnell handlungsbereit, und je nach Situation und genetischer Ausstattung wird das bedrängte, in seiner Antriebsbefriedigung behinderte Lebewesen daher fortlaufen, angreifen oder sich totstellen.

Abwehrbereite Angst – verdeckt ist es die Furcht, entweder hungrig oder verlassen oder unterdrückt zu bleiben oder die Geschlechtsrolle nicht annehmen zu können – macht deshalb auch, auf eine Kurzformel gebracht, den Kern der vier verschiedenen Hauptneurosen aus. Aber es reagiert keineswegs jeder Mensch auf eine Behinderung seiner elementaren Antriebe dauerhaft mit Gehemmtheit seiner Impulse und Verdrängung der Angst. Frühkindliche Behinderungen in jedem der vier Grundantriebe können nämlich als Versuch der Abwehr grundsätzlich mit Aggression beantwortet werden; und selbst die Gehemmtheit kann später jederzeit unvermutet mit einer massiven aggressiven Grenzüberschreitung durchbrochen werden.

Um ein Tierbeispiel für die Beeinträchtigung des Nahrungstriebes zu bringen: Läßt man junge Hunde wohldosiert hungern, so werden sie besonders bissige und „scharfe“ Jagdhunde. Deshalb ist es eben auch eine höchst fragwürdige kinderärztliche Devise, Säuglinge über Stunden schreien zu lassen. Sie können dadurch zu extrem gehemmten Menschen auf dem Gebiet des Zugreifens werden, Überbescheidene, die sich zwar von jedermann ausnutzen lassen, aber dennoch versteckt geradezu gefährlich aggressiv sein können. Der bärbeißige Philister und die „beißende“ Ironie des Gerechtigkeitsfanatikers sind unbewußte Kompensationsversuche gegen die orale Gehemmtheit, den oralen Neid des Habenichts bei solchen Personen. Und auch der Diebstahl, Raub und im Extrem sogar der Raubmord gehören zu den kranken Ausgleichsversuchen dieser Art; denn schwere orale Frustrationen und zusätzliche seelische Schädigungen in anderen Antriebsbereichen innerhalb der weiteren Lebensgeschichte können den Menschen zu solchen Übersteigerungen führen.

Die pathologische Habgier – das zeigen uns häufig die Strafprozesse gegen Jugendliche der Wohlstandsgesellschaft – gründet auf einer irrealen Gestimmtheit des Zu-kurz-Gekommenseins, die in frühen Frustrationen ihre Wurzeln haben können, bei denen dann die Verführung durch den Selbstbedienungsladen, den Vormacher Kriminalfilm, die Suggestion einiger Gleichgestimmter oder die Manipulation durch verhetzende Demagogen lediglich den auslösenden Reiz darstellen, um die erhöhte endogene Bereitschaft in exogene aggressive Handlungen umzusetzen.

In diesen Fällen einer krankhaften Aggression fehlt selten die Generalisierung eines unbestimmten Rachebedürfnisses. Sich zu rächen für eine ehemals berechtigte Gestimmtheit der Ungesättigtheit macht das neurotische Verhalten der sogenannten Projektion aus: Kinder zum Beispiel, die, aus welchem Grunde auch immer, an ihrem Lebensanfang gewaltsam haben ernährt werden müssen, neigen im späteren Alter zu Essensverweigerung. Aber sie haben eine Neigung, sich zu entlasten, indem sie anderen das Essen aufzwingen, sie überfüttern und durch entmachtende Fürsorge geradezu verschlingen, als Gegenüber auslöschen, sich selbst den anderen einzuverleiben trachten. Per Projektion fürchten solche Menschen, von anderen geradezu aufgefressen, eventuell sogar vergiftet zu werden, und gehen zu emotional schrillen Formen der Abwehr und des Wegbeißens über. Im extremen Fall der Psychose geht der Mensch, der sich bedroht fühlt, vergiftet zu werden, selbst dazu über, den anderen vorsorglich zu vergiften, nach dem Motto: Angriff ist die beste Verteidigung. Aber auch im Mäkeln am Essen, im fortgesetzten überempfindlichen Beleidigtsein, kann die versteckte Reaktion auf eine alte orale Frustration als eingebahnter Charakterzug aggressiver Art zum Ausdruck kommen.

Rache gegen alte Verlassenheitsängste der ersten Kinderjahre steckt infolgedessen doch wohl auch in dem aggressiven Fortlaufen der Jugendlichen aus dem Elternhaus – nach dem Motto: Ich fühle mich von euch verlassen, deshalb sollt ihr mal sehen, wie Verlassenwerden schmeckt! Sollen sie mich doch suchen, sollen sie doch weinen und toben! – Daß solche aggressiven Rachetaten oft alte Wurzeln haben, ist besonders in den Fällen ersichtlich, in denen liebevolle Pflege- oder Adoptiveltern die Kinder erst jenseits der Zeit, in der sie vernachlässigt wurden, aufnahmen. Wie eine alte Eiterbeule kann die Wunde der Vernachlässigung in der Pubertät oder im Erwachsenenalter oft unversehens neu aufbrechen und Rachetaten bewirken, die der Umwelt gänzlich unverständlich und unmotiviert erscheinen müssen.

Eine aggressive Reaktion auf Vernachlässigung ist dann schließlich auch der Kontaktabriß, das gekränkte, verstummte Sich-Zurückziehen, das so häufig die eigentliche Ursache der Vereinsamung ist. Ja, auch das Schweigen, das Nicht-Reagieren, Nicht-Antworten ist eine der Aggressionsformen im Alltagsleben. Es ist ein Mittel der rächenden Bestrafung, das oft die Enttäuschung des Kindes aus dem Elternhaus heraus als verallgemeinerte Rachehaltung ins Erwachsenenalter hineinträgt. Partnerschaftlicher Umgang mit Menschen, bei denen diese Aggressionsform zur Haltung eingebahnt ist, ist unzumutbar und führt meist in Kettenreaktionen zur Zerstörung der Beziehung. Aber das eigentliche Feld kranker Aggressivität ist gewiß in frühkindlichen seelischen Verletzungen des Willens zur Selbstbehauptung zu suchen. Permanente Gewaltanwendung im Kleinkindalter erzeugt offene oder verdeckte Gewalttätigkeit der so Erzogenen im Erwachsenenalter – so haben wir lernen müssen. Und das Fehlen von Grenzsetzungen verhindert Ablösung und Eingrenzung, bringt den Selbstbehauptungswillen zu pathologischer Aufblähung und Wucherung.

Nicht immer allerdings wächst auf dem Boden solcher Charakterentwicklung ein Napoleon oder ein Hitler, dessen pathologischer Ausdehnungsdrang und Machttrieb Millionen von Menschen das Leben kostet und ganze Völker in Elend und Untergang treibt. Oft bleibt die Fehlentwicklung verdeckt und kommt nur in einigen Unleidlichkeiten zum Ausdruck. Mit Recht hat bereits Freud darauf hingewiesen, daß Menschen, bei denen eine zu frühe und drastische Sauberkeitsgewöhnung den Selbstbehauptungswillen schwächte, als Erwachsene zu merkwürdig anal-aggressiven Charakterzügen neigen. Das sind die Stänker, die Afterredner, die Lust empfinden, einen anderen zu besudeln, ihn in den Schmutz zu ziehen und ihn mit Hilfe der Fäkaliensprache zu beleidigen. Unbewußt nach dem Motto: „Wie du mir, so ich dir“, wird das zu frühe Eingreifen und Schwächen mit der verallgemeinerten Gegenreaktion beantwortet, den Menschen seiner Umgebung mit Hilfe analer Reaktionsformen herabzusetzen. Deshalb ist Goethes Ausspruch, den er dem strammen Ritter von Berlichingen in den Mund legt, so populär geworden! Deshalb zeigt die Fäkaliensprache einerseits, wo selbst der Schuh drückt, und macht andererseits deutlich, mit welchen gezielten Mitteln man mit einer bestimmten Flöte rattenfängerartig eine bestimmte Sorte von Menschen einfangen kann. Wer sich konstant der Fäkaliensprache bedient, zeigt eine notvolle Lust zu analer Entlastung, zeigt seine Geschwächtheit im Ich-Bereich und damit seine gefährlich hohe Reizbarkeit für irrationale Aggressivität.

Das ist darüber hinaus überhaupt der Zweck aller pathologischen Aggression auf dem Feld der Selbstbehauptung: durch Herabsetzung des anderen – also gewissermaßen auf parasitische Weise – eine Erhöhung und Stärkung des eigenen Ich anzustreben. Das macht zum Beispiel auch die Lust am Klatsch, die Lust an der Verleumdung, am Beschämen, Entblößen und Anschwärzen aus: Die freudige Vorstellung, besser, klüger, vollkommener zu sein als der andere, wird diese nicht sehr hochstehende, aber meist noch relativ harmlose Form der Aggressionsentlastung wohl kaum je zum Aussterben kommen lassen.

In dieses Feld gehört auch die Schadenfreude. Auf ihr beruht zum Beispiel die so sicher und automatisch in Erscheinung tretende Wirkung mancher Chaplin-Filme und vieler Wilhelm-Busch-Geschichten. Der große Künstler, der mit Hilfe seiner herrlichen Darstellungen gewiß auch eigene Ich-Verletzungen kompensierend bewältigte, kann deshalb so treffend eine seiner Figuren, den hämischen Hagestolz Schlich in „Plisch und Plum“, triumphierend sagen lassen: „Dies ist freilich ärgerlich – Hehe, aber nicht für mich!“ Und gerade Wilhelm Busch gerät immer wieder an die Grenze der humorvollen Bewältigung und zeigt unversehens hinter seiner so disziplinierten Künstlerschaft das Auftauchen von Phantasien roher Gewalttätigkeiten. Da wird gestoßen, geschlagen, blutspritzend abgeschnitten, zerquetscht und zerdrückt.

In der Praxis bekommt man so etwas nicht nur in der legitimen künstlerischen Bewältigung zu sehen, sondern auch in den Phantasien der Träume und Tagträume – und leider auch per Durchbruch als brutale, gewalttätige Aggression im Alltagsleben der Familien. Die Lust an sadistischer Vernichtung als Reaktion des in seiner Anfangsphase fehlgebahnten Selbstbehauptungswillens gehört in das Repertoire vieler scheinbar friedlicher Familienväter, vieler scheinbar sachlicher Chefs, vieler katzenfreundlicher, aber gegenüber Menschen latent sadistischer Krankenschwestern und Studienrätinnen. Die Möglichkeit zu Machtausübung irgendeiner Art im Erwachsenenalter (Macht kann auch die Verkäuferin, die Friseuse über ihre Kunden ausüben) kann bei entsprechender psychischer Verfassung jederzeit die Versuchungssituation bilden, um den ins sadistische Feld hineingedrängten Selbstbehauptungswillen gewissermaßen zum Durchbruch zu verführen. Deshalb sind im Fernsehen gezeigte Mordtaten für latente Mörder so gefährlich! Der unter der Zementdecke der Gehemmtheit schlafende Hang zur Gewalttat wird bei solchen Personen dann geweckt und kann zu Affektmorden und Amokläufen der schlimmsten Art führen.

Auch bei Tieren, deren natürliche Aggression und Selbstbehauptung man massiv behindert, entsteht eine übermächtige und unmäßige Angriffsbereitschaft – etwa bei gefangenen Tieren, die plötzlich ihren Wärter angreifen. Und dort sehen wir auch die Autoaggression, die Selbstzerstörung durch Fellbeißen und dergleichen mehr; denn das wächst auf dem gleichen Stamm. Es gibt Menschen, die jahrelang zwanghaft Selbstverletzungen ausgeübt haben, wie Haareausreißen, Hautzerkratzen, Knöchelaufscheuern, Nagelhautreißen, und die dann plötzlich einen sadistischen Ausfall aus dem Gefängnis der selbstquälerischen Not versuchen. Und es gibt vor allem die Selbstbeschädigung und Selbstverstümmelung, das Sich-selbst-Krankmachen mit unbewußt generalisierter Rachetendenz nach dem Motto: „Du bist schuld, wenn mir die Hände erfrieren, weil du mir keine Handschuhe kaufst!“ Und auch im querulatorischen Schimpfen, Anschwärzen, Anklagen und Verraten steckt meist der unbewußte Versuch, die alte Verletzung durch verallgemeinerte Gegenreaktionen endlich loszuwerden.

Ebenso können Gehemmtheiten der Sexualität als verzweifelte Ausbruchsversuche eine ungesunde Verbindung mit der Aggression eingehen, besonders bei Männern. Der Vergewaltiger, der Frauenmörder ist oft sowohl aggressionsgehemmt wie auch sexuell gehemmt. Er hat keine Möglichkeit des Kontaktsuchens und des normalen Herangehens an Frauen; das verhindern oft seelisch verletzende Kindheitserlebnisse sowohl im Sexualbereich wie im Selbstbehauptungsbereich. Oft ist das Rachebedürfnis an der Mutter oder der ersten frustrierenden weiblichen Bezugsperson noch deutlich sichtbar. Aber auch homosexuelle Männer, die die weibliche Rolle übernehmen, weil ein schrecklicher Vater ihnen die Identifikation mit der Mannrolle vereitelte, können zum Mord an ihrem Sexualpartner neigen, um per Übertragung „den bösen Alten" endlich zu beseitigen. Die böse Aggression kann nämlich krankhaft zugespitzt werden, wenn zugleich mehrere Antriebe beschädigt sind. So sind bei der aggressiven Form der neurotischen Verwahrlosung meist sowohl der Nahrungstrieb wie der Bindungstrieb und der Selbstbehauptungstrieb beschädigt. Dadurch entsteht jene Mischung von Bindungslosigkeit, Habgier und Feindseligkeit gegen Ordnung, die zum Beispiel im Verhalten von Banden so deutlich in Erscheinung tritt. Gewalttätige Erpressung, beziehungsloser Mord, Vernichtung um jeden Preis sind oft das Ziel dieser rachsüchtig Gestörten.

Erwähnt werden muß in diesem Zusammenhang auch noch, daß aggressive Gemeinschaftstaten durch den ansteckenden Charakter der Aggression allgemeingefährlich werden können. Auch in Tiergemeinschaften wird der Verteidigungsangriff durch den Ruf, das Auffliegen oder Losstürmen eines einzelnen Tieres ausgelöst und setzt die ganze Herde in Marsch. Beim Menschen scheint dieser Fanalcharakter der Aggression durch die Handlung eines einzelnen noch keineswegs abhanden gekommen zu sein. Der Blutrausch der Eroberer nach dem Sieg in Feindesland, die zu Straßenschlachten ausartenden Demonstrationen, die Erfolge der zu aggressiven Taten hochpeitschenden Demagogen sind Beweise genug für solche biologischen Reaktionsformen von Menschenmassen. Dennoch läßt sich sicher nicht jede Menschenmenge automatisch zur Massenaggression stimulieren und suggerieren. Es muß immer bei vielen einzelnen unbewußte, gestaute Aggressivität unter Druck bereitstehen, wenn Verführungen solcher Art erfolgreich sein sollen.

Bei Licht besehen ist das eine fürchterliche Bilanz. Wenn man bedenkt, daß jede Aggression automatisch Verteidigungen der anderen hervorruft, daß – falls der Angegriffene eine übersteigerte Verteidigungskraft mitbringt – dieser mit ebenso reizbar übertriebener Angriffsbereitschaft antwortet, dann könnte man an der Möglichkeit einer Verringerung zerstörerischer Kräfte in der Menschheit geradezu verzweifeln. Die Situation der Menschen heute ist also nicht erleichtert, sondern gleichermaßen bedenklich, zusätzlich noch dadurch, daß uns unsere biologische sogenannte „Mobbing“-Bereitschaft immer wieder in die Quere kommt. Sie gibt es ebenfalls bei Tieren. Es handelt sich um eine automatisch geweckte Bereitschaft, den Fremden, Kranken, den andersriechenden Artgenossen auszustoßen, durch Isolation oder Aggression zu vernichten. Dieses „Mobbing“ hat den Sinn, nur das gesunde und artmäßig normale Tier zur Fortpflanzung zuzulassen.

Unter diesem Ausstoßungs-Instinkt haben auch heute immer wieder einzelne Menschen zu leiden, besonders unter Arbeitskollegen in Betrieben. Da braucht sich manchmal einer bloß besonders, nicht ganz den Gepflogenheiten entsprechend zu kleiden, um die Abwehrhaltung der Umgebung zu wecken. Es ist offenbar dieser alte biologische Mechanismus, der den Menschen nötigt, sich so angepaßt wie möglich zu kleiden und zu benehmen. Wenn alle Jungen lange Haare haben, wird es für den einzelnen zur unzumutbaren Leistung, sich kurz scheren zu lassen. Frauen setzen sich Blicken tiefer Verachtung aus, wenn ihre Robe nicht den letzten modischen Vorschriften entspricht. Und so beruht letztlich die Wirkung der Modejournale und aller anderen, ähnlichen Reklame auf einem tief eingewurzelten biologischen Bedürfnis.

Bei Kindern tritt dieses Mobbing oft noch viel unverhüllter und brutaler in Erscheinung. Bei Tieren kann die ganz gleichartige, instinktive Ablehnung von kranken oder sich gestört verhaltenden Artgenossen so weit gehen, daß sie getötet werden. Eine Ratte braucht nur anders zu riechen als die Rattensippe, unter die man sie versetzt, um sofort zerfetzt zu werden. Von Störchen wird berichtet, daß sie schwache und kranke Junge vernachlässigen und dem Hungertod überlassen – Raben werfen schwache „Nesthäkchen“ gelegentlich sogar aus dem Nest – was ihnen als „Rabeneltern“ einen schlechten Ruf bei den Menschen eingetragen hat.

Aufgrund dieses biologischen Mechanismus haben es die körperbehinderten Kinder so besonders schwer! Es gibt und gab vor allem in der Vergangenheit sogar auch Menscheneltern, die ähnlich handelten wie die Störche. Im allgemeinen machen wir aber heute beglückenderweise gerade die entgegengesetzte Erfahrung: daß Eltern körperbehinderter Kinder weit über das Storchenstadium hinauswachsen und ihre schutzbedürftigen Nachkommen mit staunenswerter und ergreifender Opferbereitschaft annehmen, pflegen und zu fördern versuchen. Alle aggressiven Komponenten in der Beziehung zu Andersartigen und Entarteten können in solchen Fällen völlig ausgeschaltet werden. Dennoch haben es einzelne Körperbehinderte und geistig Behinderte in einer Kindergruppe zunächst immer wieder schwer, weil das Mobbing in der Gruppe automatisch auf den Plan tritt und der Beeinflussung durch die Erwachsenen bedarf, um den schädlichen Effekt zu verhindern.

Es gibt aber wesentlich häufiger die tragischen Fälle, wo einzelne Außenseiter zum ständigen Sündenbock aller Aggressionen der Gruppe gemacht werden. Die Verantwortung der erwachsenen Gruppenleiter ist hier groß! Und ohne ihr bewußtes Einwirken, das den biologischen Mechanismus durchbricht, wird das menschliche Niveau in einer solchen Gruppe niemals voll erreicht. Ein spastisch gelähmtes Mädchen wurde zum Schulverweigerer, aus Furcht vor den Mitschülern, die ihr täglich im Chor „Wackelgans“ nachriefen. Nach einigen Wochen der Behandlung wurde ein erneuter Versuch in einer anderen Klasse mit einem besonders verständnisvollen Lehrer gewagt. Aufgrund eines vorherigen mit ihm geführten Gesprächs bereitete er die Klasse auf die neue Mitschülerin vor. Er appellierte an die Hilfsbereitschaft und die Kameradschaft seiner Schüler – und nun gelang, was vorher unmöglich schien: die kleine Behinderte ist heute glücklich, sich als normal anerkanntes Mitglied der Klasse fühlen zu dürfen, und geht mit Feuereifer in die Schule. Es gehört zu den dringend notwendigen Bewußtseinsentwicklungen in unserem Jahrhundert, unsere noch in uns vorhandene natürliche Abscheu vor dem Fremden, Mißgestalteten, Andersartigen zu unterdrücken und auch ihn als Bruder anzunehmen.

Mit der Aggression leben

Überschauen wir die verschiedenen Weisen der Aggression, wie wir sie bisher behandelt haben, so wird uns bewußt, daß diese mächtige Naturkraft eine Erscheinung von kaum auslotbarer Tiefe und Gefährlichkeit ist. Die Bibel stellt deshalb die Aggression als den mächtigen und grausamen Leviathan dar – als den Gegenpol zu einer anderen kraftvollen Wirklichkeit, zum Behemot, dem behäbigen Friedenstrieb. Im Buch Hiob rühmt sich Gott dieser beiden großen „Erstlinge" seiner Schöpfung. Vom Behemot sagt er: „Er lagert ruhig unter Lotossträuchern, verborgen ist er in dem Schilf und Sumpf..." Vom Leviathan aber heißt es: „Es lagert Schrecken rings um seine Zähne, aus seinem Rachen steigen Fackeln auf, und eine Flamme schlägt aus seinem Maul. Wenn jemand ihm begegnet, nützt kein Schwert und keine Lanze, nicht Wurfgeschoß noch Pfeil."

Treffend ist aus dieser Beschreibung des Leviathan im Buch Hiob zu erkennen: mit ein bißchen Beschießen, mit ein wenig Kraulen und Streicheln, Verdrängen und Beschwichtigen ist die Aggression ganz bestimmt nicht aus der Welt zu schaffen – dafür ist sie zu lebensstark, zu gut gepanzert und abwehrbereit. Im Gegenteil: wir brauchen dringend eine vorurteilslose und gründliche Erforschung der Aggression durch genaueste Beobachtung aller ihrer Erscheinungsformen, wenn wir eine echte Chance haben wollen, mit ihr fertig zu werden. Und wir brauchen die Einsicht, daß bei der Aggression auch bei uns Menschen die Natur in all ihrer Gesetzmäßigkeit und Stärke noch vorherrscht, ja, daß aus ihr in der Verbindung mit krankem menschlichem Geist sogar eine böse Macht voll teuflischer

Planung und bewußter Zerstörungsabsicht und Vernichtungslust werden kann.

Darüber dürfen wir aber nicht vergessen, daß bereits in der Bibel dieser so mächtige Leviathan uns als ein Geschöpf Gottes vorgestellt wird, darum ist dieses Stück Urnatur in der biblischen Darstellung ein Tier! Wir müssen uns also sorgsam bemühen, *den* Anteil der Aggression, der positiver Selbsterhaltungswille ist, pfleglich zu seinem Recht kommen zu lassen. Wenn wir also gewissermaßen Aggressionshygiene betreiben wollen, so muß sie auf vier Grundsäulen ruhen:

1. Anerkenntnis des Geschöpfes Leviathan in jedem von uns als eines Teiles unserer gesunden Person;
2. Bewußtsein von der Notwendigkeit der Selbstkontrolle und Fremdkontrolle, um gegen Dämonisierungen und mißbräuchliche Wucherungen gewappnet zu sein;
3. Entwicklung von Methoden zur Einübung personaler, zwischenmenschlicher, staatlicher und überstaatlicher Kontrollsysteme;
4. Erziehung mit dem Ziel, krankhafte Fehlentwicklungen zu verringern und die Möglichkeit zu konstruktiver Verwendung der Schubkraft Aggression besser zu gewährleisten.

Die vier Bereiche der Aggressionshygiene sollen in diesem letzten Abschnitt dargestellt werden.

Die Bereitschaft, die eigene Aggression als ein Instrument der Selbstverteidigung bewußt zu erfahren und sehr ernst zu nehmen, schafft die Voraussetzung für die Erkenntnis, daß in diesem System die Sicherungen durchbrennen können und daß wahllos-ungehemmter Umgang mit ihr für uns selbst unerwünschte Ergebnisse hervorbringt. Nur unter dieser Voraussetzung können wir unseren Selbstbehauptungstrieb anzuwenden lernen wie eine komplizierte Sicherheitsanlage, die uns nur schützen wird, wenn wir uns nicht zu fein dünken, die Gebrauchsanweisung gründlich zu lesen und einzuüben.

Nur unter dieser Voraussetzung, d. h. der Selbstbeobachtung und Selbstreflexion in bezug auf unser eigenes aggressives Verhalten, haben wir dann auch die Chance, das aggressive Verhalten unserer Mitmenschen verstehen zu lernen. Wir haben dann erstmalig die Möglichkeit, Aggressionen unserer Umwelt, die wir als unangemessene, beleidigende, kränkende oder gar bedrohliche Angriffe erleben, als Überreaktion des normalen Selbstbehauptungssystems zu sehen. Und nur so haben wir die Chance, die eigene automatische Gegen-Aggressivität zu unterlassen, die Angelegenheit zu überdenken und auf der Basis eines brüderlichen Verstehens zu einer angemessenen, einer menschlichen, souveränen Antwort zu kommen.

Der Alltag lehrt uns freilich, daß wir uns eine solche praktische Einsicht als Aggressionshygiene nicht zu einfach vorstellen dürfen. Dieses Rezept gilt sicher nur für Auseinandersetzungen, die im Feld verbaler Aggression bleiben. Aber in diesem Feld kann das Rezept ganz vorzüglich zur Verkürzung sinnloser Streitigkeiten beitragen. Wenn mich z. B. ein Freund in der Hitze einer aggressiven Erregtheit als Ekelpaket, als traurigen Zeitgenossen, als Spinner bezeichnet hat, so kann ich mich fragen: Fühlt sich mein Gegenüber so schwach, daß er einen solchen Angriff zur Selbststärkung nötig hat? Wenn das aber gar nicht zuzutreffen scheint, sollte ich auch nicht vergessen zu fragen: Hat er vielleicht ein wenig Grund zu dieser gewiß nicht schönen, nicht gerade taktvollen Äußerung? War ich vielleicht in der Tat eklig zu ihm, waren meine vorgetragenen Ideen versponnen, war mein fehlender Einsatzwille vielleicht ein Hinweis darauf, daß ich wirklich ein trauriger Zeitgenosse bin?

Allerdings kann man eine solche Überlegung überhaupt nur unter der Voraussetzung treffen, daß man es für möglich hält, sogar durch erlittene Beleidigungen klüger zu werden – zusätzlich durch die Überlegung, daß ein wenig Ekelhaftigkeit, ein wenig Spinnerei, ein wenig Trägheit, von einem anderen festgestellt, von mir sogar bestätigt, mich nicht davon abbringen kann, weiter an meine Existenzberechtigung, an meinen Wert zu glauben. Das allerdings ist das Entscheidende: Wenn ich fest die Erkenntnis im Kopf habe, daß der Angriff des anderen, angemessen oder unangemessen, im Dienst *seines* Selbstbehauptungswillens steht und deshalb den meinen zu schwächen sucht, so braucht auch eine schwere Beleidigung nicht die Waffe zu sein, die den Kern meines Ich trifft und zerstört. Wenn wir es ohnehin für ganz selbstverständlich halten, daß wir unvollkommen sind, wenn wir bereit sind, uns das zuzugestehen, ohne deswegen den Glauben an unseren guten Kern zu verlieren, dann sind wir besser gefeit gegen Angriffe von außen.

Wenn wir also beachten, daß ein solcher Angriff im Dienst der Ich-Stärkung unseres Gegenübers stand, und wir uns nicht mehr genötigt sehen, aufgrund der Ich-Schwächung, die uns durch die Beleidigung zuteil geworden ist, zurückzuschlagen, so ist schon ein ganz großes Stück gewonnen. Andererseits kann sich natürlich auch die Möglichkeit ergeben, daß wir selbst bei ehrlicher Prüfung feststellen müssen: Nein, diese Vorwürfe sind unberechtigt; vielleicht war ich manchmal geschwätzig, aber nicht eklig; vielleicht war ich manchmal eigenwillig, aber nicht spinnig; vielleicht war ich manchmal vorsichtig abwartend, aber nicht nachlässig. Eine solche ehrliche Selbstprüfung hätte dann das erfreuliche Ergebnis, sich gar nicht getroffen fühlen zu müssen!

Damit sollte die Selbstprüfung allerdings nicht abgeschlossen werden. Man sollte sich in bezug auf den erregten Freund die Frage stellen: Benutzt er vielleicht nur in emotionaler Hitze einen falschen Weg? Vielleicht hat er – unbewußt – eigentlich einen ganz anderen Grund für die Aggression? Vielleicht bin ich in irgendeiner Weise eine grundsätzliche Gefahr für die

Festigkeit seines Ich? Wenn man so fragt, wird man vermutlich den Grund seiner Reaktion rascher entdecken, und man wird einige Zeit, am besten ein paar Tage später, in einer beruhigten Situation ein offenes Gespräch darüber führen können. Der Freund wird sich dann vielleicht – schuldbewußt – wundern, daß der andere eine freundschaftliche Anknüpfung sucht, und nun gern bereit sein, mit ihm gemeinsam nach dem eigentlichen Grund seiner Überreaktion zu suchen.

Ein solches Verhalten und Annehmen von Aggression gelingt allerdings nur in den Fällen, in denen das Verhalten des Freundes Ausdruck einer Schwierigkeit war, die wirklich beide gemeinsam betraf, wenn also ein voller Realitätsbezug vorhanden ist. Wir haben deutlich gemacht, daß das allerdings nicht immer der Fall ist, daß Menschen per Übertragung, wie wir in der Fachsprache sagen, einfach mit ihren kindlichen Verwundungen agieren, das alte Problem also dem neuen Partner überstülpen, ihn unbewußt und unrealistisch für den nehmen, der damals den Schaden der Ich-Schwächung zufügte. Auch das ist allerdings nur durch sachliche Beobachtung zu erkennen, und zwar dadurch, daß so ein Mensch sich in vielen ähnlichen Situationen ähnlich unangemessen und überschießend aggressiv benimmt.

Ein solches Verhalten braucht der Angegriffene freilich noch viel weniger auf sich zu beziehen. Beleidigtes, gekränktes Verhalten wäre dann doch nur ein Mitspielen in einem schwierigen, unfruchtbaren, undurchsichtigen und gefährlichen Spiel, das der andere in unbewußtem Wiederholungszwang mit mir treiben will, wobei es zu sinnlosen, gefährlichen Karambolagen kommen kann.

Sinnlose, verletzende Streitereien sind also am besten dadurch zu vermeiden, daß sich der Angegriffene klarmacht: Mein Ärger, meine innere Nötigung zum Gegenangriff, beruht auf der Furcht, durch den Angriff an Existenzberechtigung, an

Eigenwert zu verlieren. Aber der Versuch einer solchen Ich-Schwächung durch den Angriff eines anderen verliert seine Schärfe, wenn wir uns bewußtmachen, daß unser Ich sich grundsätzlich nicht durch Meinungen anderer aufbauen und nicht durch Fehlmeinungen oder Herabsetzungen anderer abbauen läßt! Der Wert unseres Ich ist keine Angelegenheit der Anerkennung oder Nichtanerkennung unserer Umwelt, sondern eine Sache unseres *eigenen* Bemühens um ein konstruktives Leben.

Um es am biologischen Phänomen des Mobbing noch etwas vereinfacht zu verdeutlichen: Ein Eisvogel ist gewiß nicht dadurch ein schlechtes, böses oder wertloses Tier, daß er von der Spatzenschar „ausgepfiffen“ wird. Er wird diesen Schluß auch nicht ziehen und nicht einer lebenszerstörenden Depression verfallen, sondern er wird machen, daß er fortkommt, und weiter in Eisvogelstabilität seinem Eisvogelauftrag nachgehen; denn dies ist allein der Sinn konstruktiver Aggression: sich aus einer unangenehmen Bedrängung abzusetzen, sich von ihr zu lösen und eigene, konstruktive Aufgaben in Angriff zu nehmen.

Das „In-Angriff-Nehmen“ der konstruktiven Aufgabe – das also ist die gute Aggression. Weil sie lebensnotwendig ist, sind alle Konzepte zur totalen Abschaffung der Aggression – ganz gleich, ob durch Züchtung oder durch Dressur – letzten Endes eben dennoch lebensfeindlich. Der Kern einer Aggressionshygiene muß darin bestehen, die Überwertung der Außenweltmeinung in bezug auf das Selbstwertgefühl abzubauen, wobei dann noch ein entlastender Nebeneffekt auftaucht: Ich brauche dann meinem aggressiven oder verleumderischen Gegenüber seine Aggression gar nicht mehr so sehr anzulasten. Meine Enttäuschung mindert sich, wenn ich begreife: Der hat es nötig, mich anzugreifen und herabzusetzen, weil er sich schwach fühlt, weil er sich selbst durch meine Schwächung aufwerten möchte.

Man blickt also gewissermaßen durch ein trübes Wellenspiel

auf der Wasseroberfläche plötzlich auf einen klaren Grund und sieht, daß hinter der bösen Aggression die Bedürftigkeit nach Anerkennung, Angenommen- und Geliebtwerden sichtbar wird. Ein solches Bewußtsein macht einen neuen Ansatz zu Freundschaftlichkeit, zu Barmherzigkeit und vielleicht zur Hilfe möglich.

Diese Sichtweise hat dann auch entlastend zur Folge, daß man seine eigenen aggressiven Ausbrüche nicht so überstreng zu verurteilen braucht; denn ein solches schuldbewußtes Selbstverwerfen hat eine ganz bedenkliche Folge: Es belastet unser so empfindliches Selbstwertgefühl in einer unerträglichen, schädlichen Weise. Das hält unser Ich nicht aus, es verdrängt die eigene aggressive Handlung, und der Selbstbetrug ist komplett; denn damit bannen wir uns in Abwehrsystemen fest: Wenn ich von mir die Fehlvorstellung habe, daß ich selbst nie, die anderen aber immer böse sind, kann ich nicht lernfähig bleiben. Meine Entwicklung stagniert. Ich werde eine allmählich veralternde Festung, deren Truppe in sinnlosem Zeitverschleiß und Leerlauf damit beschäftigt ist, ihr Sicherheitssystem stabil zu halten. Auf diese Weise entsteht eine Erstarrung des Charakters. Spontaneität, Einfallsreichtum und Frische schwinden, vorsichtige Überkorrektheit, die aber jähzorngefährdet ist, hat Skrupelhaftigkeit und Entscheidungsunfähigkeit zur Folge. Selbstbetrug über die eigene Aggressivität bewirkt eine tragische, starre Verlogenheit; denn ein solcher Mensch muß sich aus Angst einreden, daß er der Untadelige, der Vollkommene ist, ein Mensch, der keiner Fehlerhaftigkeit fähig ist.

Selbstbetrug dieser Art ist die ganz allgemein übliche Reaktionsform, und vor allem deshalb hat der Mensch bisher keinerlei Fortschritte in Hinblick auf die Bewältigung und Nutzbarmachung des Phänomens Aggression gemacht, im Gegenteil: sie bleibt in uns abgespalten, eine rohe Kraft, die zu zerstörerisch-vulkanhaftem Ausbruch bereitliegt. Habe ich hingegen den Mut zu erkennen, daß auch ich gelegentlich schwach bin, daß auch ich dazu neige, mein Selbstwertgefühl auf Kosten der anderen zu erhöhen, so habe ich sehr viel mehr Möglichkeiten, das zu ändern – zunächst einmal dadurch, daß es mir viel leichter fällt, mich zu entschuldigen und mit einem klärenden Wort die Atmosphäre zu reinigen und sicher auch dadurch, daß ich im Bewußtwerden meines Fehlverhaltens einen neuen Ansatz machen kann, die Notlage meiner Ich-Schwäche zu verbessern.

Wie kann man das aber schaffen? Indem man etwas Sinnvolles, wirklich das Selbstgefühl Stärkendes tut! Das kann im einzelnen etwas sehr Unterschiedliches sein. Der eine kann sein Selbstwertgefühl dadurch stärken, daß er eine Spende für ein notleidendes Kriegsgebiet gibt, der andere dadurch, daß er besonders exakt arbeitet, der dritte dadurch, daß er zu den Menschen seiner Umgebung besonders freundlich und höflich ist, der vierte, indem er sich und seine Umgebung pflegt und ordentlich gestaltet, der nächste dadurch, daß er malt, singt, geigt oder ein Gedicht schreibt. Es kommt also weniger darauf an, was er macht, als daß er etwas Aufbauendes, Schönes, Förderliches tut – etwas, das das Leben stärkt; denn das, was das Leben stärkt, stärkt auch das subjektive Selbstwertgefühl und mindert die Gefahr, daß der gesunde Selbstbehauptungstrieb Aggression auf Abwege gerät. Ja, das ist überhaupt der Sinn des Selbstbehauptungstriebes auf der Ebene des zivilisierten Erwachsenen: seine Schubkraft für solche einfallsreichen und konstruktiven Taten zu nutzen. Wir wissen das deshalb so genau, weil schwer Aggressionsgehemmte gerade zu solcher konstruktiven und kreativen Initiative unfähig sind. Menschen, die von der Notwendigkeit der Sinnerfüllung ihres Lebens durch konstruktive Aufgaben überzeugt sind, haben gar keine Zeit zu unfruchtbaren Streitigkeiten. Sie haben andere, wichtigere, erfreulichere Ziele. Deshalb sind lebenserfüllende Aufgaben ein

Gegengift gegen die böse Aggression. Und deshalb sind Menschen, die keine Aufgaben haben, auch oft unglückselig streitsüchtig.

Allerdings: Der Verzicht auf eine spontane Gegenreaktion kann und darf nicht immer einem Vermeiden oder Ausweichen jeglicher Auseinandersetzungen gleichkommen. Allein schon ein banaler Alltagsstreit um das Haushaltsgeld des Ehepaares – wie wir ihn eingangs schilderten – zeigt, daß hier ein Fehler im System des Zusammenlebens liegt, der beseitigt werden sollte, um die Gemeinsamkeit des Paares zu erhalten und zu festigen. Auch hier hilft unser Grundrezept: Lächelnd kann dann die Ehefrau verstehen, daß ihr Mann mit mehr oder weniger Berechtigung Angst hat, daß seine Familie ihn kahlfressen, d. h. also ihm seine Existenz nehmen wird. Mit mehr oder weniger Berechtigung kann der Ehemann dann auch erkennen, daß sich seine Frau aus Angst vor Unterbewertung ihrer Hausarbeit eine reichlich große Scheibe von seinem Einkommen abgeschnitten hat. Man kann an der gefährlichen Stelle einer Eskalation des Streits aufgrund dieses Musters sagen: Schau, wir sind jetzt offenbar beide nicht in der Verfassung, die Sache in Ruhe auszutragen. Laß uns sie, jeder für sich, erst einmal bedenken, vielleicht können wir dann beide morgen Vorschläge machen, wie wir hier vorankommen können. Und dann wäre es möglich, darüber zu reden, welche Summe z. B. monatlich für Bekleidung paratgestellt werden kann.

Aber sicher muß die Erörterung tiefer gehen: Auch ein Großverdiener sollte seiner Frau gestehen können, daß es ihn bedrängt, wenn von ihr zu verschwenderisch ausgegeben wird, auch eine Ehefrau müßte bereit sein zu erkennen, daß sie mit ihrem übertriebenen Modebewußtsein eigentlich nur aufgrund einer lächerlichen Außensteuerung ihr Selbstwertgefühl zu füttern trachtet und dabei mitläuferisch dem Konsumzwang verfällt. Durch solche Selbsterfahrung ist es gewiß leichter, zu einer harmonischen Übereinstimmung zu kommen, in der beide zufrieden sind.

Denn gerade dadurch, daß jeder bereit ist, Abstriche zu machen, die auf dem Boden unserer Erkenntnisse Ich-Stärkung statt Ich-Schwächung bedeuten, können neue Entwicklungsansätze gewonnen werden. Allerdings gehört es zu unserer Alltagsgefahr, daß in entscheidenden Augenblicken das Wissen über Zusammenhänge wie weggeblasen ist – wenn wir „rot“ sehen, wenn die Sicherung durchbrennt! Aber auch in solchen Fällen kann uns die Erfahrung helfen, daß hemmungsloser Zorn die Situation in den seltensten Fällen konstruktiv verbessert. Der Hausvater, der seine Familie durch Zusammenschreien zu regieren trachtet, handelt sich Mißtrauen und Angst ein. Dem gewalttätigen Herrscher wagt man nichts zu erzählen, er erfährt nichts. Deswegen braucht er sein Spitzelsystem. Brutalität und Machtausübung lockt mit zwangsläufiger Folgerichtigkeit Widerstand, Untergrundbewegungen und Revolutionen hervor. Das ist also eine höchst fragwürdige, unzweckmäßige und lebensgefährliche Weise der Existenzsicherung.

Das ungehemmte Herauslassen zorniger Aggression im privaten Bereich kann allenfalls ein konstruktiv wirksames Mittel der Auseinandersetzung sein, wenn es dazu führt, eine notwendige Trennung zu vollbringen, also die isoliert Zusammenhockenden und Aneinanderklebenden auseinander zu treiben. Wer aber seine Aggression zu diesem Zweck nicht einsetzen will, wer keine endgültige Trennung wünscht oder verantworten kann, der müßte auch im Augenblick des „Rotsehens“ den Versuch machen, seinen Zorn „umzudirigieren“, wie die Biologen es nennen. Man hat bei Tieren festgestellt: Zorn kann an Ersatzobjekten abreagiert werden – der Hofhund an der Kette, der den ihn reizenden Eindringling nicht erreichen kann, beißt schließlich in das Holz seiner eigenen Hütte.

Bei den Menschen dienen dazu allerdings leider vor allem die rangniedrigen Artgenossen – die eigenen Kinder, die Rekruten, die Lehrlinge – das ist bittere, weil menschlich nicht wünschenswerte Realität. Selbst wenn Zorn gegen Untergebene einen berechtigten Anlaß hat, sollte der Zornige, wenn er in den Sog einer schlagbereiten, hemmungslosen Wut gerät, den Versuch machen, diesen seinen unbeherrscht gewordenen Zwang umzudirigieren – indem man z. B. einen Boxball bearbeitet, indem man in den Garten geht und einen Ast absägt, indem man mit Wurfpfeilen auf eine Zielscheibe wirft, indem man einige Runden radfährt und kräftig in die Pedale tritt, Sessel ausklopft, Holz hackt oder seinen Rasen mäht! Jeder kann mit etwas gutem Willen herausfinden, wie er am besten die erste Aufwallung des Zorns bewältigen kann, ohne durch Brutalität sinnlose Teufelskreise heraufzubeschwören.

Das sind gewissermaßen biologische Vorschläge zur Wutentlastung. Aber es gibt darüber hinaus speziell menschliche, indem man z. B. einem unbeteiligten, freundschaftlich gesonnenen Dritten den Hergang und den Anlaß der Wutentwicklung schildert. Der ist heute leichter parat als früher. Man kann zum Telephon greifen und rasch seiner Ehefrau, seinem Ehemann den Ärger im Geschäft mitteilen, man kann den Kompagnon um ein Gespräch unter vier Augen bitten, man kann eine Stipvisite bei einem Freund machen und ihm die Sache darlegen. Aggressionsentlastung durch Aussprache bedarf aber sicher weiterer Spielregeln, bedarf vor allem einer taktvollen Psychologie jenes Dritten. Er erfüllt seine Aufgabe nicht, wenn er dem Wütenden gegenüber in falsch verstandener Gerechtigkeit grundsätzlich die Partei der Gegenseite ergreift. Das kann sogar, selbst wenn er objektiv recht hätte, ins Auge gehen; denn so würde der Wütende in seinem Zorn verstärkt und sich auf den neuen Gegner stürzen.

Deshalb müßte der unparteiliche Dritte dem Wütenden zunächst einmal wohlwollend zuhören. Er muß eine Mülleimerfunktion übernehmen und zunächst einfach nur Tröstendes sagen, etwa: „Ich finde es auch ganz scheußlich, was dir da widerfahren ist; ich verstehe deinen Zorn. Wir wollen bald einmal in Ruhe überlegen, was sich da machen läßt." Am Wochenende sieht die Sache dann meist gar nicht mehr so schlimm aus. Der Zorn ist verraucht, der Wütende hat gerade durch die Möglichkeit zu einer Aussprache zu einer realen Beurteilung seiner Lage zurückfinden können. Daher ist es eine gute alte Lebensregel, vor jeder Beschwerde oder jeder anderen Form des Gegenangriffs, vor allem aber auch vor jeder endgültigen Trennung, erst einmal 24 Stunden verstreichen zu lassen und die Sache zu „überschlafen".

Viele Teufelskreise der Aggression ließen sich vermeiden, wenn mehr Menschen bereit wären, sich ganz bewußt gegenseitig für den Freundschaftsdienst einer der Entscheidung vorausgehenden Aussprache bereitzuhalten. Sich mit Zornentlastung zu beschenken ist deshalb auch sicher eine sehr wichtige Funktion des Ehepartners. Das wird heute viel zuwenig betont und ist doch von so elementarer, psychohygienischer Bedeutung! Allerdings brauchen auch viele Ehepaare zur Entlastung ihrer gelegentlichen Wut aufeinander einen Dritten; denn sicher ist es falscher Hochmut zu meinen, in einer guten Ehe sämtliche Auseinandersetzungen allein bewältigen zu können. Deshalb wird der Psychotherapeut oft als Beichtvater in Anspruch genommen. Aber da es viel zu wenige von diesen gewerbsmäßigen Seeleneimern gibt, sollten mehr Laien bereit sein, sich gegenseitig solche wichtigen Freundschaftsdienste zu leisten.

Ehepaare sollten aber nach Möglichkeit einige Personengruppen davon ausnehmen: die eigenen Verwandten, vor allem die eigenen Mütter und die eigenen Kinder. Sie sind meist ungeeignet zur Aggressionsentlastung, weil sie zu stark mit den Wütenden identifiziert sind. Sie nehmen daher zu stark Partei und schüren auf diese Weise häufig den Zorn, fachen wie ein Blasebalg die Wut an und treiben so nur noch stärker in die

Nöte hinein. Solche Entlastungen als Formen der Aggressionshygiene haben allerdings Grenzen. Sie beziehen sich nur auf die üblichen Wortgefechte unter Erwachsenen. Die lebensbedrohende, gewalttätige Aggression bedarf anderer Reaktionsformen, obgleich wir auch in bezug auf sie sehr viel leichter Teufelskreise von Rache und Haß vermeiden könnten, wenn wir unser Wissen um den Selbstbehauptungstrieb und seine Ausbrüche mit einbeziehen. Aber der gewalttätige Angriff erfordert als Antwort eine Form des Selbstschutzes heraus, die der Gefahr der Eskalation entgegenwirkt.

Vorab muß bei dieser Thematik zunächst einmal festgehalten werden: Der Spruch „Angriff ist die besten Verteidigung“ stimmt nur scheinbar, im Gegenteil: der Angriff beschwört Kettenreaktionen von Gewalt herauf. Der beste Selbstschutz gegen den gewaltsamen Angreifer ist die wirksame Abtrennung von ihm. Einem Menschen gegenüber, der mit Kaffeetassen, Tintenfässern oder Steinen wirft, der mit Füßen tritt und mit Fäusten boxt, muß man zunächst darauf aus sein, sich in Sicherheit zu bringen; denn Abtrennung ist das wirksamste und notwendige Mittel, um den Vulkan Aggression zum Stillstand zu bringen. Aber wir kennen auch die vielen Polizeiberichte von Überfällen, bei denen das nicht möglich war – ganz abgesehen davon, daß der moderne Gewalttäter nur allzu häufig mit bedrohlichen Waffen auf den Plan tritt. Deshalb setzt an dieser Stelle das Recht und die Pflicht des Staates ein, die wirksame Abtrennung seiner Bürger von solchen Gewalttätern durch deren Inhaftierung zu erzwingen. Die Gesetze des Staates haben die Aufgabe, die Bürger vor gewalttätigen Übergriffen und den Täter vor einer triebhaften Wiederholung seiner Gewalttaten zu schützen. Das Zurückdrohen der Polizei mit schußbereiten Waffen und erst recht ihr Gebrauch dürfen aber nur in äußerster Notlage zur Anwendung kommen. Die gewaltsame Notwehr, die Gefangennahme mit Waffengewalt, muß allerletzte Ausnahme bleiben.

Deshalb muß es zur Ausbildung des Polizeibeamten gehören, sein hohes Maß an Verantwortung zu kennen und über die eigene Gefahr des Mißbrauchs von Gewalt zu wissen. Allerdings darf eine solche verantwortungsbewußte Haltung unserer Schutzorgane nicht zu einer Laschheit ihrer Aufgabenerfüllung führen, wie es die demagogische Verunsicherung der Verfassungsschützer und die Diffamierung von Recht und Ordndung in der letzten Zeit nur allzu häufig zustande gebracht haben. Es bedeutet böse, gefährliche Vernebelung, den Polizisten mit dem Terroristen gleichzusetzen. Den Hüter der Ordnung muß es zu unser aller Schutz leider geben, weil die Aggression eben eskalieren kann, weil sie ansteckend wirkt und weil es leider Realität ist, daß die gefährlich kranke Aggression in vielen Menschen sprungbereit auf der Lauer liegt.

Schutzorgane des Rechtsstaates könnten deshalb sicher erst dann aufgegeben werden, wenn wir durch Erziehung und durch wirksame Formen der Selbstkontrolle Menschen von vollkommener Beherrschtheit und vollkommener Selbstverantwortlichkeit geworden wären. Aber das ist eine Utopie; es wird immer den hirnorganisch kranken Wüterich, den aus tragischen Gründen pathologischen Gewalt- und Triebtäter geben, dessen unberechenbare Zerstörungssucht den Schutz der Bürger unentbehrlich macht.

Diese Gegebenheit klar zu unterscheiden ist gewiß zu unserer Orientierung sehr nötig. Es ist unrealistischer Hochmut zu meinen, wir könnten die Schutzfunktion des Staates entbehren. Es bedeutet gefährliche Schwächung dieser Organe, wenn wir ihnen leichtfertig ihren Sinn absprechen und ihnen unsere Achtung versagen. Unsere Grundregel für den Umgang mit Aggression gilt auch für den Selbstbehauptungswillen eines Staates und seiner Exekutive: Nimmt man ihm sein Selbstwertgefühl, so büßt er zügige Handlungsmöglichkeit ein und dezimiert auf diese Weise seine Existenz. In mancher richterlichen Entscheidung, in mancher Verzögerung im Eingreifen der Polizei ist in unserem Land diese Schwächung in den letzten Jahren nur allzu deutlich sichtbar geworden.

Es gehört viel Mut dazu, solche an sich schlichten Zusammenhänge an den richtigen Platz zu stellen. Zu mächtig ist das destruktive Bestreben, durch Vernebelung der Realität Anarchie heraufzubeschwören und uns damit die Freiheit unseres demokratischen Rechtsstaates zu rauben. Wer so etwas sagt, wird sich allerdings gefallen lassen müssen, als Ewig-Gestriger verteufelt zu werden. Aber aus unserer Grundregel läßt sich auch in solcher Lage Ermutigung ableiten: Diffamierungen sind leichter zu ertragen, wenn der Angegriffene sich bewußt ist, daß er damit die konstruktive Aufgabe erfüllt, den Unterschied von anarchistischen Gewalttaten und einem bewaffneten Rechtsschutz, der nur in äußerster Notwehr von der Waffe gebraucht macht, zu verdeutlichen.

Vielleicht ist es nötig, diese Gedanken noch einmal zusammenzufassen: Im äußersten Notfall, wenn jede Möglichkeit zur Einwirkung anderer Art gescheitert ist, ist die Isolierung eines Gewalttäters unter Anwendung von Gewalt zu seinem und der Mitbürger Schutz unumgänglich und berechtigt. Die Unterscheidung ist auch hier klar möglich, wenn man im Auge behält, daß die Bekämpfung des gewalttätigen Verbrechens im Dienst des schutzwürdigen Lebens steht. Und im Umgang mit dem inhaftierten Straftäter kann darüber hinaus die von uns aufgestellte Grundregel voll in Kraft treten. Das will heißen: Auch zu einem Mörder, Räuber und Triebtäter können wir barmherzig sein, wenn wir nur begreifen, daß es Fehlentwicklungen des Selbstbehauptungstriebes gibt, wenn wir erfassen, daß die kranke, unangemessene Aggression wie ein furchtbarer Dämon von einem Menschen Besitz ergreifen kann, wenn wir versuchen, durch das böse Geschwür der Gewalttat hindurch der Seele eines solchen Menschen ansichtig zu werden, die nach Anerkennung, nach Sicherheit und Geborgenheit und nach Angenommenwerden dürstet.

Der Straftäter sitzt oft wie hinter einer schweren Panzerung in seiner eigenen Identifikation mit dem Bösen, mit dem Haß. Er glaubt nicht nur nicht an sich selbst, sondern er ist fest davon überzeugt, daß er das personifizierte Böse ist. Er glaubt, daß man ihn hassen muß, und er haßt deshalb – gewissermaßen vorsorglich – alle Welt und verweigert sich ihr. Deshalb müßte das Hauptgewicht der Resozialisierung auf dem Wiederaufbau des Selbstwertgefühls und Selbstbehauptungswillens liegen.

Freilich hat man auch in dieser Beziehung in letzter Zeit oft die Dinge auf den Kopf gestellt. Die kranke Aggression, die zu Mord und Totschlag führt, ist nicht durch ein paar Monate Isolierung abzuschaffen. Die zwanghafte Gleichartigkeit in den Triebverbrechen der einzelnen kann uns zeigen, daß eine Krankheit eben immer wieder die gleichen Symptome hervorbringt. Und die gutachtenden Psychiater und Psychologen sind oft überfordert, wenn man von ihnen erhofft, daß sie den Richtern ihre schwere Verantwortung dadurch abnehmen, daß sie die Wiederholungsgefahr als unwahrscheinlich testieren. Willfährige, gutgläubige Irrtümer dieser Art haben sogar schon Menschenleben gekostet.

Deshalb muß auch hier erkannt werden, daß man durch Verharmlosung der Aggression, durch ein in dieser Form unangemessenes Mitleid mit dem Gewalttäter, dem man die Freiheit gönnen möchte, an seinen Wiederholungstaten mitschuldig wird; denn falsches, unrealistisches Mitleid kann bewirken, daß es zu weiteren sinnlosen Eskalationen der Gewalt kommt. Kein Fachmann kann garantieren, daß ein Mensch, der mit oder ohne Plan aus eigener Initiative einen Menschen tötete oder zu töten versuchte, solch eine Tat nicht wiederholt. Denn durch seine Fehlhandlung hat er gerade bewiesen, daß sein Steuerungssystem in extremer Weise versagen kann.

Vom biologischen Denken her dürften solche Fehlhandlungen eigentlich gar nicht passieren; denn bei Menschen und höheren Tieren ist eine weitgehend zuverlässige „Wutbremse" eingebaut: die Tötungshemmung. Sie hindert das Tier bei innerartlicher Aggression an der Vernichtung des Gegners, sie zwingt es, gewissermaßen „fair" zu handeln und „Pardon" zu geben. Auch wir sind als seelisch Gesunde nicht in der Lage, einen Mitmenschen mit Zähnen, Händen und Füßen zu Tode zu beißen, zu würgen, zu trampeln. Aber mit den Mitteln der verfeinerten Technik, mit den weittragenden und fernwirkenden Waffen überspringt unsere Aggression beängstigend viel leichter solche innerseelischen Barrieren.

Wegen dieser Überschreitungsmöglichkeit aufgrund seiner Freiheit wurde dem Menschen als zusätzliche Bremse das 5. Gebot, das Verbot zu töten, auferlegt. Die juristische Gesetzgebung konkretisiert dieses Gesetz und vermittelt den Bürgern durch Kenntnis der Bestrafungsform eine dritte Zusatzbremse. Freilich: Selbst ein Tier, das gegen seine eingebauten, programmierten Instinkte handelt, würde man als krank bezeichnen. Mit Recht vermutet man bereits bei einem Amoklaufenden Fuchs, daß er tollwütig ist. Und wieviel mehr trifft das auf den Menschen zu!

An dieser Stelle mangelt es unserer Gesetzgebung aufgrund einer irrationalen Furcht an Realitätssinn. Im Grunde ist jeder Mörder, jeder Geiselnehmer partiell unzurechnungsfähig. Allein die Tatsache, daß sämtliche intrapsychischen Steuerungssysteme überrannt worden sind, beweist das. Aber eine solche Argumentation mindert die Berechtigung zu einer Bestrafung; setzt diese doch beim Täter die volle Zurechnungsfähigkeit voraus. Vielleicht liegt unser verborgener Widerstand gegen ein solches Zuerkennen der Unzurechnungsfähigkeit bei Mördern daran, daß wir ein unbewußtes Bedürfnis danach haben, den Gesetzesbrecher bestraft zu sehen. „Strafe muß sein" – sagt da ein Teil in uns sehr nachdrücklich!

Das Bedürfnis nach Rache, nach „Gerächtigkeit“, nach Vergeltung ist sehr stark im Menschen vorhanden. Das Talionsgesetz „Auge um Auge, Zahn um Zahn“ hat etwas mit dem Versuch zu tun, ein ins Wanken geratenes Gleichgewicht wiederherzustellen. Um es mit den Worten unseres Selbstbehauptungskonzeptes auszudrücken: Die Schwächung des Selbstbehauptungswillens, die durch die Tat entstanden ist, soll durch eine Schwächung und Unschädlichmachung des Täters aufgehoben werden. Bei unseren Ausführungen über das Mobbing tauchte diese biologische Motivation bereits auf. Auf diesem Boden wächst deshalb der immer wieder aufflammende Wunsch nach Todesstrafe für schwere Gewaltverbrecher und Terroristen, die Gefangene befreien, um sie zu neuem Bombenlegen einzusetzen.

Dennoch kann nur die Erfolglosigkeit erpresserischer Gewalt, kann nur die Abtrennung und energische Isolierung diesem destruktiven Wahnsinn Einhalt gebieten; denn es ist der konstruktive Beitrag der Aggression zur Sicherung unserer Existenz, daß sie in der Lage ist, durch kraftvolle Zurückweisung das Lebensrecht zu verteidigen. Aber dieses „Bis hierher und nicht weiter“, diese konsequente Strenge des Gesetzes gegen Rechtsbrecher, sollte angesichts der Unzurechnungsfähigkeit der Täter andere Konsequenzen haben als nur das kurzfristige Setzen von Strafreizen in der Hoffnung, *damit* die Möglichkeit von Wiederholungstaten auszuschließen.

Die meisten Rechtsbrecher erweisen sich durch die hohe Rückfallhäufigkeit gerade nicht als normal lernfähig in dem Gebiet ihrer besonderen Schwierigkeit. Und es ist eine Verdrehung der Tatsachen, wenn man uns weismachen will, das Fehlen dieser Lernfähigkeit sei erst im Strafvollzug entstanden. Längst bevor so ein Mensch mit den Gerichten in Konflikt kam – oft schon in jungen Jahren –, zeigte es sich, daß er als Kind immer wieder angriff, immer wieder schwere Zerstörungen vollzog, trotz aller Mahnungen und Strafen der Umwelt. Diesen Tätern steht die Freiheit einer Willensentscheidung oft gar nicht zur Verfügung: der massive destruktive Drang überrennt ihre Lern- und Steuerungsmöglichkeit.

Wenn wir das bewußt zur Kenntnis nehmen, sind einige Schlußfolgerungen unausbleiblich. Erstens könnte man Gewalttäter nicht mehr bestrafen, sondern nur noch aus Gründen des Schutzes verwahren, und zweitens müßte man sich um ihre Gesundung bemühen. Man müßte darüber hinaus die Täter, die unheilbare Schäden aufweisen, lebenslänglich verwahren und müßte erkennen, daß es mit der Freiheit des Menschen in bezug auf seinen Willen und sein Handeln im Grunde gar nicht so weit her ist. Dennoch wäre es gewiß falsch, wenn kein Mensch mehr für seine bösen Taten verantwortlich gemacht werden könnte. Und genau diese Befürchtung blockiert schon seit Jahrhunderten echten Fortschritt auf diesem Sektor der Rechtssprechung.

Wir fürchten nämlich, daß der Mensch in seinem Bemühen, sich zu steuern – in der Befragung seines Gewissens – , müde werden könnte, wenn man ihm ernsthaft zubilligen würde, daß er manchmal nicht weiß, was er tut. Wir fürchten, daß uns das Eingeständnis: „Es gibt Besessenheit" in die Gefahr bringt, selbst der Besessenheit anheimzufallen. Wir fürchten, daß uns die Haltung eines toleranten „Alles verstehen heißt alles verzeihen" die Kraft zur Selbststeuerung nehmen würde. Da ist es schon besser, sich eine schöne Rechtfertigungstheorie zur Begründung der eigenen Untaten auszuspinnen oder von einem geschickten Anwalt anliefern zu lassen.

Und dennoch brauchte es dieses gefährliche System verzerrter Wirklichkeit gar nicht zu geben, wenn wir endlich zur Kenntnis nehmen würden, daß die Freiheit des Willens dem Menschen nicht gleich bei seiner Geburt als fertige Funktion gegeben ist, sondern ausgebildet werden muß. Ja, die Freiheit ist ihm nicht nur nicht gegeben – der Mensch ist aufgrund seines unfertigen Zustandes in der Tat zunächst einmal gänzlich unfrei. Und er bleibt auch unfrei und abhängig, wenn man seinen Grundantrieben nicht phasengerecht zur Entfaltung verhilft. Die unangemessene Versorgung des Kindes in den ersten fünf Lebensjahren, in der Zeit seiner Antriebsentfaltung, kann in die eben besprochene Fehlentwicklung treiben, die den Menschen im Wiederholungszwang nötigt, das Fehlende nachzuholen. Und das heißt in bezug auf unser Aggressionsthema: Ein solcher Mensch fühlt sich auch im Erwachsenenalter noch ständig gedrängt, endlich genug Selbstbehauptung zu vollziehen – koste es, was es wolle –, um jeden Preis. Und wenn die Drosselung des Selbstbehauptungstriebes gewaltsam geschah, versucht auch der Erwachsene sich weiter in Gewaltsamkeit – leider dann aber oft mit anderen Mitteln als das Kleinkind – eben mit Eisen, Pulver und Blei.

Es muß ganz deutlich werden: Der Mensch ist nicht darauf angelegt, von seinen Trieben abhängig zu bleiben. Im Gegenteil: alle bereits genannten innerseelischen Steuerungssysteme bereiten ihn auf freie und souveräne Selbstverantwortung vor. Aber gerade unser verhältnismäßig großer Handlungsspielraum birgt die Gefahr in sich, unsere Kinder zu verbiegen und fehlzuerziehen, so daß sie auf ihrem Werdegang zum freien und verantwortungsfähigen Erwachsenen Schaden nehmen. So kann die Freiheit einer flexiblen Entscheidungsfähigkeit eingeschränkt oder gar gänzlich verspielt werden. Um so dringlicher wird aufgrund solcher Überlegungen die Frage nach bewußter Erziehung und einem realitätsgerechten Kontrollsystem für die Aggression, damit der Mensch mehr Möglichkeiten bekommt, selbstverantwortliche Freiheit der Willensentscheidung zu entfalten.

Alle unsere Überlegungen und die Erfahrungen unserer Vorfahren mit den Aggressionen führen zu dem Schluß, daß wir Kontrollen brauchen, heute, im Atomzeitalter, notwendiger als zu irgendeiner anderen Zeit. Wir brauchen in der Tat eine überregionale Instanz, die Streitigkeiten schlichtet und die Kontroversen zwischen den einzelnen Ländern auf den Verhandlungstisch, nicht auf den Kriegsschauplatz bringt. Aber solche Bemühungen, das zeigt unsere Völkerbund- und UNO-Wirklichkeit, reichen allein nicht aus, um die Welt menschlicher zu machen und die Gefahr der Selbstvernichtung der Menschheit zu bannen. Diese notwendigen Bemühungen von außen sind immer der großen Gefahr des Mißbrauchs der Kontrollfunktionen, des Mißbrauchs von Macht ausgesetzt. Wer verhindert aber dann, daß der Thronsessel eines UNO-Präsidenten einmal von einem Machtbesessenen eingenommen wird?

Grundsätzlich werden solche Gefahren wohl immer bestehen bleiben, aber ihnen nicht zu verfallen ist leichter, wenn man sich der Lage bewußt ist, wenn daher jede Übertragung von Macht durch Kontrolle gegen Mißbrauch abgesichert wird und wenn sich mehr Menschen im Feld der Erziehung darum bemühen, die Selbstkontroll-Systeme des einzelnen zur Entfaltung zu bringen. Die Marschrichtung einer Weltbevölkerung, die sich als gleiche Art versteht und den Versuch macht, menschlicher, mündiger und brüderlicher miteinander zu leben, müßte auf Erziehung den größten Wert legen.

Erst wenn wir in zunehmendem Maße das Gewissen des einzelnen, die verantwortungsbewußte Selbstkontrolle an die Stelle dirigistischer Außensteuerung setzen könnten, dann erst würde die von Krieg und Atombombe bedrohte Menschheit aufatmen können. Im Grunde hat jeder Mensch mit einem gesunden, funktionsfähigen Gehirn die Möglichkeit, sein Gewissen als Kontrollfunktion einzusetzen gegen den Drang, sich auf Kosten anderer auszudehnen. Leider lassen viele Menschen heute diese Fähigkeit vermissen! Es scheint, wie die ansteigende Kriminalität zeigt, vielmehr so, als wenn Gewissenlosigkeit und hemmungslos aufgeblähter, grenzüberschreitender Egoismus immer mehr zunehmen. Aber das ist weitgehend die Folge einer ungekonnten Erziehung!

Mit dem Gewissen ist es schließlich genauso wie mit der Liebesfähigkeit: Der Mensch hat dazu sicher eine Anlage. Phasenspezifisch gefördert, pflegen sich diese so wichtigen Steuerungsorgane zu entfalten, wenn der Mensch mit einem gesunden Gehirn zur Welt kommt. Aber das ist nicht selbstverständlich. Sie können fehlentwickelt, sie können auch unterentwickelt bleiben, so daß sie nicht ausreichen, um als gesunde Zugkraft dem überdehnten Selbstbehauptungsdrang entgegenzuwirken. Das Gewissen hat eben bestimmte Entfaltungsbedingungen, die wir beachten müssen. Wir haben wenig Aussichten, daß ein Mensch die wildschäumende Lebenskraft seines Expansionsdranges regulieren kann, wenn die Voraussetzungen dazu ihm nicht in seinen ersten Lebensjahren geschenkt werden. Die Voraussetzung zur Gewissensbildung ist Bindungsfähigkeit, und sie wird über das konkrete Erleben der Bindung an ein pflegendes Du vorgeübt. Selbst Gänse und Affen werden nur gemeinschaftsfähige Wesen, wenn sie sich in der Phase der Nachfolgeprägung hinreichend an ihr Muttertier haben binden können.

Im Grunde sind diese beiden Funktionen miteinander identisch. Unser selbstgesteuertes Gewissen ist keineswegs mit dem Über-Ich Freuds gleichzusetzen, ist keine durch äußere Dressur erpreßte Verzichtbereitschaft. Das genuine Gewissen des Menschen ist vielmehr jene Stimme, die dazu auffordert, sich einzugrenzen, weil man dem anderen nicht schaden, weil man ihn nicht kränken, weil man ihm nichts wegnehmen will. Die Voraussetzung zu dieser Eigensteuerung besteht also darin, daß man in der Lage ist, den anderen zunächst beachten und dann schließlich achten zu lernen. Und aus solchen Erkenntnissen läßt sich ein sehr einfacher Schluß ziehen: Unsere Fähigkeit, den anderen respektvoll zu beachten und ihm seine Rechte nicht streitig zu machen, wird dadurch entfaltet, daß die pflegende Person uns als Kind in unserem ersten Lebensjahr beachtete und respektierte.

Es gibt einen sehr interessanten Beweis für diese These: Diejenigen ältesten Kinder, die erwünscht in das heile Nest eines liebenden Paares, einer sorgsamen Mutter hineingeboren wurden, sind statistisch von größerer Gewissenhaftigkeit und deshalb auch größerer Lernfähigkeit als die nachgeborenen Geschwister; denn sie hatten eben eine Mutter, die das Wunder, ein Kind zu haben, genoß, es sorgsam pflegte, seine Bedürfnisse respektierte und staunend seine Regungen beobachtete. Sie schenkte ihm damit unbewußt ein Stück handfester Gewissenhaftigkeit und Steuerungsfähigkeit für sein späteres Leben.

Allerdings war im Kapitel über die Ablösung erörtert worden, daß es gerade die älteren Kinder sein können, die durch eine übermäßig sorgsame Behütung an der Ausbildung ihres Ich und damit an ihrer Selbstbehauptungsmöglichkeit gehindert werden können. Und daraus müssen wir eine wichtige erzieherische Erkenntnis gewinnen: Erziehung muß phasenspezifisch sein, sie muß beachten, daß jede Phase eigene, oft der vorangehenden geradezu entgegengesetzte Aufgaben hat. Der Bindungsphase der Säuglingszeit folgt die Ablösungsphase des Trotzalters in der Kleinkinderzeit. In ihr konstituiert sich das Ich. Selbständigkeit, Selbstvertrauen zu lernen ist die eine Aufgabe dieser Phase, Abgrenzung und Grenzsetzung die andere.

Ein Kind, das sich in der ersten Lebenszeit hat binden können, ist bei einigermaßen bewußter Erziehung zur Selbständigkeit dann auch in der Lage, seine Grenzen zu finden. Ein seelisch wohlgepflegtes Kleinkind ist bereits in seinem zweiten bis fünften Lebensjahr kein Barbar mehr; es kämpft zwar, aber es vernichtet nicht. Kinder, die das trotzdem versuchen, die ihre destruktive Aggression hemmungslos ausagieren, muß man als gefährlich krank bezeichnen. Entweder zeigt sich damit, daß sie ein krankes Gehirn, einen organischen Defekt haben, oder man hat ihnen in ihrem ersten Lebensjahr nicht die Möglichkeit gegeben, die Entfaltung ihres Gewissens durch die Bindung an ein Du vorzubereiten. Aber dieses Du fehlt heute leider oft, da manche Kinder in Krippen oder in Pflegestellen abgegeben und von vielen verschiedenen Personen und Institutionen betreut werden. Solche Fälle bestätigen diese Einsicht. Mutterferne in den ersten Lebensjahren, so haben die Forscher in der Strafanstalt Ebrach feststellen können, macht im Jugendalter 7,5mal häufiger kriminell als irgendeine andere Lebensschwierigkeit.

Bindung also heißt *die* Vorbeugung gegen böse Aggression. Man könnte es auch in einem Bild ausdrücken: im ersten Jahr wird dem Menschen sein Lebenswagen zur Verfügung gestellt, in der Phase der Ich-Entfaltung dazu ein Pferd. Fehlt dem Pferd der Wagen, so bleibt es ein wildes Springinsfeld, das sich kaum zügeln läßt, fehlt dem Wagen das Pferd, dann kann die Lebensreise nicht losgehen, dann bleibt der Wagen ungenutzt stehen. Genau dies geschieht, wenn die Ich-Entwicklung durch Überbehütung und Verwöhnung behindert wird. Solche Kinder sind passiv und träge, ängstlich und lebensfremd. Ein gutes Beispiel dieser Übersteigerung von Bindung sind die Kinder von Naturvölkern in Afrika, von denen wir schon sprachen. Sie sind aufgrund der leibnahen Säuglingspflege – sie werden von ihren Müttern in einem Tuch getragen und nach Bedarf gestillt – ausgeglichen und mühelos erziehbar. Die Mütter haben überhaupt keine Schwierigkeiten mit ihnen – aber da sie meist noch bis zu ihrem dritten und vierten Lebensjahr in diesem Tuch getragen werden, kommt die Phase der Verselbständigung zu kurz und bewirkt jene Trägheit, die die Lehrer von solchen Kindern immer wieder beklagen.

An diesem Beispiel läßt sich erkennen: Der Selbstbehauptungswille bedarf einer pfleglichen Entfaltung. Er ist die Voraussetzung zu Aktionsfreude und schöpferischer Energie. Unser bisher unbewältigtes Erziehungsproblem besteht also offenbar darin, diesen so lebenswichtigen Antrieben zu einer phasengerechten Entfaltung zu verhelfen, so daß beide Antriebe – Bindung und Aggression – für *konstruktive* Aufgaben paratstehen. Konstruktive Aufgaben dieser Art gibt es durch das gesamte Leben hindurch. Ein gut entfalteter Selbstbehauptungswille bewirkt, daß das Kind in der Klassengemeinschaft seinen Platz finden kann, daß der Jugendliche es wagt, sich vom Elternhaus abzustoßen in ein ungewisses Erwachsenenleben hinein, daß er seine Existenz aufbauen und zu eigenständiger Entscheidungsfreiheit kommen kann. Geistige Unabhängigkeit und mündige, ausgewogene Kritikfähigkeit sind also das konstruktive Ziel des Antriebs zur Selbstbehauptung.

Ein Mensch, dem die Gelegenheit geschenkt wurde, die Entfaltungsstufen seines Lebensaufbaus altersentsprechend zu durchlaufen, hat es in der zweiten Lebenshälfte nicht mehr nötig, sich unentwegt durchsetzen zu müssen. Durch seine flexible Festigkeit kann er sich für überpersönliche Aufgaben einsetzen. Und letztlich: Am Ende seines Lebens kann ein weise Gewordener im freiwilligen Ja zum Tode sein Ich, seinen Selbstbehauptungswillen, aufgeben und zurückgeben an die Erde, weil der Sinn des Menschenlebens erfüllt, weil das Ziel erreicht ist: nämlich mitten durch den vollen Einsatz all seiner Biologie hindurch der Schöpfung voranzuhelfen.

Das ist allerdings ein Ideal. Von seiner Wirklichkeit sind wir noch weit entfernt, und durch unsere unbedachten Manipulationen in der Kindererziehung sind wir es mehr denn je. Wir brauchen große Anstrengungen im Erziehungsfeld, um wenigstens einige Forschritte zu machen, und wir brauchen Regierungsprogramme der Familienpolitik, eine Umerziehung und Umschulung der Mütter in ihrer Einstellung zur Erziehungsaufgabe sowie Vorbereitung auf das Elterndasein in den Abgangsklassen der Schulen. Wir brauchen Hilfe in all den Fällen, in denen das Pferd bereits durchgegangen, aber der Wagen unbenutzt im Stall stehengeblieben ist.

Was macht z. B. eine Erzieherin im Kindergarten, wenn sie erkennt, daß einige ihrer Schützlinge fortgesetzt hemmungslos aggressiv und trotz Belehrung nicht bereit sind, das Beißen, Steinewerfen und Stockstoßen zu lassen? In einem solchen Fall sollte erkannt werden, daß der Selbstbehauptungstrieb des betreffenden Kindes nicht zu einer hinreichenden Regulation kommt – man sollte hier schon therapeutisch einsetzen. Dabei müßte zunächst durch eine ärztliche Untersuchung des Kindes und eine Befragung der Eltern der Grund für die Wucherung des Aggressionstriebes herausgefunden werden.

A. Langmayer hat festgestellt, daß die Kinder von arbeitenden Müttern im Vorschulalter aggressiver sind als die von nicht arbeitenden Müttern. Das z. B. läßt sich durch eine Langzeituntersuchung aus der Praxis bestätigen. Eine Mutter war schockiert darüber, daß ihr sechsjähriger Sohn es trotz Mahnung und Schelte nicht lassen konnte, sie beim Abholen aus dem Kindergarten wütend zu beißen. Thomas war ein Scheidungswaise – ein Jahr nach der Geburt hatte die Mutter wieder zu arbeiten begonnen und ihn daher zunächst in die Betriebskinderkrippe, danach in eine Tagesstätte geben müssen. Meine Untersuchung ergab eine unzureichende Bindung des Kindes an seine Mutter, was sich einerseits darin zeigte, daß er wahllos nach Menschen suchte, die sich mit ihm beschäftigten, und sich vertrauensselig an sie anschloß, andererseits aber in gesteigerter Aggressivität vor allem auch gegen Gleichaltrige verfiel. Das Fehlen der Bindung wird dann als Mangel, als Frustration erlebt und mit zusätzlicher Aggression und Angstabwehr beantwortet.

Eigentlich drängt sich in solchen Fällen die therapeutische Folgerung geradezu auf: Man müßte den Müttern mehr Zeit geben, sich allein mit diesem hyperaggressiven Kind altersentsprechend und spielend zu beschäftigen. Machen Erzieherinnen also solche Erfahrungen, dann sollte mit Hilfe von Gutachten so schnell wie möglich dafür gesorgt werden, daß die Mütter solcher Kinder mit Beihilfen des Staates zunächst einmal zu Hause bleiben können. Die Mutter des kleinen Thomas erhielt diesen Rat. Wir konnten mit Hilfe des Sozialamtes erreichen, daß eine Beihilfe die intensive und nachholende Einzelbetreuung des Kindes durch seine Mutter ermöglichte – denn für dieses Kind war der Kindergarten offensichtlich noch zu früh: Es muß noch eine Weile nachholend Bindung und Selbstvertrauen in der Obhut der Mutter erlernen, sonst wird der Kindergarten zu einer Überforderung. Freilich: für andere Kinder kann der Kindergarten gerade eine Therapie sein, z. B. bei denen der Lebenswagen durch Überbehütung noch nicht in Schwung gekommen ist, obgleich man auch sie in kleinen Schritten an andere Kinder gewöhnen und ihnen so die Möglichkeit geben müßte, sich zu lockern und sich anzupassen. Scheue, gehemmte, übermutterte Kinder brauchen erst den einen oder anderen Spielgefährten zu Hause, die kleine Schar, bevor sie sich in der Kindergruppe behaupten können, ohne zum Außenseiter zu werden.

Grundsätzlich muß man sagen: Vorbeugen ist besser als heilen. Und die Heilung im frühen Kindesalter hat bessere Chancen als zu jedem anderen Zeitpunkt. Ein breites Feld für die Beseitigung von Aggressionshemmungen und Aggressionswucherungen im Schulalter stellen die tiefenpsychologischen und spieltherapeutischen Methoden der Psychologen und die Konditionierungsversuche der Verhaltenstherapeuten dar. Hier kann durch Betreuungen in mehreren Stunden pro Woche viel nachgeholt und die eingebahnte Fehlentwicklung zu gesunder Weichenstellung umdirigiert werden. Doch Kinderpsychotherapeuten und Erziehungsberatungsstellen gibt es leider in viel zu geringer Zahl, und diese Behandlungen sind mit großen

Kosten für die Krankenkassen und manchmal auch für das Portemonnaie der Eltern verbunden. Das Mißverhältnis zwischen der Zahl therapiebedürftiger Kinder und therapiebereiter Behandler ist groß. Es müssen wohl erst noch viel mehr Schrecken auf uns zukommen, ehe auf diesem Feld die brennende Aktualität vorbeugender Maßnahmen erkannt wird.

Mancher der Leser mag jetzt fragen: Haben denn noch auch noch psychotherapeutische Maßnahmen im Jugend- und Erwachsenenalter Aussicht auf Erfolg? Zur Psychoanalyse gehört Krankheitseinsicht, eine gewisse geistige Beweglichkeit und Durchstehvermögen. Das ist bei der Gruppe dieser Kranken aber häufig nicht gegeben. Die Behandlung der kranken Aggression hat ihre Grenzen, auch wenn sie von Experten durchgeführt wird. Das heißt aber nicht, daß es nicht gegen alle Vergeblichkeit das Wunder der Heilung gibt, und es heißt auch nicht, daß wir das Recht hätten, den unheilbar psychisch Kranken fallenzulassen. Genauso wie es unsere Pflicht ist, die Körperbehinderten als unsere Brüder und Schwestern zu betreuen und uns für sie verantwortlich zu fühlen, müssen wir in opferbereiter Liebe in den Anstalten, den Gefängnissen die psychisch Kranken betreuen und mit ihnen auf Erlösung hoffen.

Christa Meves

geboren 1925. Studium der Germanistik, Geographie und Philosophie an den Universitäten Breslau und Kiel. Staatsexamen in Hamburg, dort zusätzliches Studium der Psychologie. Fachausbildung im Psychotherapeutischen Institut in Hannover und Göttingen. Freipraktizierende Kinder- und Jugendlichenpsychotherapeutin in Uelzen, Arztfrau und Mutter zweier Töchter, sechs Enkel.

Verliehene Auszeichnungen:

1974 Wilhelm-Bölsche-Medaille
1976 Prix Amade
1977 Goldmedaille des Herder-Verlags
1978 Niedersächsischer Verdienstorden
1979 Konrad-Adenauer-Preis der Deutschlandstiftung
1982 Sonnenscheinmedaille der Aktion Sorgenkind
1984 Medal of Merit
1985 Bundesverdienstkreuz erster Klasse
1995 Preis der Stiftung Abendländische Besinnung
1996 Preis für Wissenschaftliche Publizistik

80 Buchpublikationen, Übersetzungen in 11 Sprachen. Gesamtauflage in deutscher Sprache über vier Millionen Exemplare

Joachim Illies

geboren 1925. Studium der Biologie in Göttingen und Kiel.
Professor für Zoologie an der Universität Gießen und Leiter der Außenstelle eines Max-Planck-Institutes in Schlitz/Hessen.
Verheiratet und Vater von vier Kindern.
Bekannt durch Vorträge, naturwissenschaftliche Bücher und Rundfunksendungen. Gestorben 1982.

Praktische Psychologie

Die Ratgeber zu den zentralen Themen für Eltern und Erzieher

Erziehen lernen

Was Eltern und Erzieher wissen sollten

von Christa Meves
288 Seiten, zahlreiche teils vierfarbige Abbildungen, Taschenbuch
DM/sFr. 29,80 / öS 208,60

Schulnöte

vorbeugen und abhelfen

von Christa Meves und Dieter Günter
176 Seiten, Taschenbuch
DM/sFr. 19,80 / öS 138,60

Liebe und Aggression

Wie gehe ich damit um?

von Christa Meves und Joachim Illies
192 Seiten, Taschenbuch
DM/sFr. 19,80 / öS 138,60

Aber ich will dich verstehen!

Eine Mutter kämpft um ihr Kind

von Christa Meves und Andrea Dillon
175 Seiten, Hardcover
DM/sFr. 29,80 / öS 208,60

Verlag Dr. Ingo Resch
Maria-Eich-Straße 77 · D-82166 Gräfelfing
Telefon 0 89 / 8 54 65 - 0
Telefax 0 89 / 8 54 65 - 11